LINGUAGGIO DEL CORPO

IL MANUALE PASSO PASSO.. COME ANALIZZARE LE PERSONE, LEGGERE LA LORO MENTE E CAPIRE CHI TI STA MANIPOLANDO, PERSUASIONE PER LA CRESCITA PERSONALE.

ROBERTO VIVIANI

INDICE ANALITICO

INTRODUZIONE

Ti sei mai chiesto dei saggi che vivono da soli in montagna e pensi:
"Scommetto che possono compilare un foglio di calcolo in breve tempo!?"

La scienza indica, in modo un po' inaspettato, che potrebbero.

Con la recente rinascita della consapevolezza e della meditazione
occidentali, stiamo iniziando a diventare pienamente consapevoli delle
conseguenze di essere completamente consapevoli. Quello che scopriamo
è che la conoscenza è più dei miseri benefici della pace interiore e della
vera felicità: è vantaggiosa anche per gli affari.

-- concentrazione, diminuzione della tensione e cancellazione della mente
per prendere decisioni migliori, molti amministratori delegati efficaci
hanno già dimostrato la loro forza. E ora abbiamo i dati per dimostrare
che sono corretti.

La consapevolezza è difficile da descrivere. La definizione è, in sostanza,
uno dei fattori scatenanti su cui alcune persone si stanno concentrando
mentre cercano di attirare l'attenzione.

Per ridurlo, la consapevolezza è essere particolarmente consapevoli o
consapevoli di ciò che sta succedendo nel momento presente. E,
contrariamente all'opinione comune, non è qualcosa che si verifica solo
mentre mediti – è uno stato d'animo che dovresti sempre abbracciare.

Forse è più facile descrivere ciò che la conoscenza non è: essere inghiottiti
dalle distrazioni. Inoltre, distrazioni innocue (come vedere una persona
che cammina oltre la tua scrivania) possono impedirti al momento di
vivere o lavorare. Alcune persone stanno equiparando la consapevolezza
a non pensare affatto, ma non è esatto: le distrazioni sono ciò che manca
nel tuo cervello ma non nei pensieri. Se sei al lavoro a pensare, dovresti
pensarci anche tu.

Un ultimo importante elemento di coscienziosità è l'attenzione rivolta al
processo che ne risulta. Parte dell'essere al momento significa impegnarsi
completamente nel compito a portata di mano, piuttosto che soffermarsi
su quali saranno le conseguenze (e su come ti influenzeranno). Questo

naturalmente si presta alla redditività, perché invece di preoccuparti dell'ipotetico futuro, rimani concentrato sul tuo lavoro.

CAPITOLO 2: CONSAPEVOLEZZA

Cos'è mindfulness?

Dovresti sgombre la mente o concentrarti su una cosa? Il concetto consapevole di consapevolezza è qui.

compassione. È un termine davvero chiaro. Suggerisce che la mente si occupa interamente di ciò che sta accadendo, di ciò che stai facendo, dello spazio in cui stai andando. Potrebbe sembrare banale, tranne per il fatto irritante che tanto spesso viriamo dalla questione. La nostra mente sta scappando, stiamo perdendo il contatto con il nostro corpo, e ci stiamo perdendo in pensieri ossessivi su qualcosa che sta accadendo o pensando al futuro molto presto. E questo ci preoccupa.

La consapevolezza è la capacità umana di base di essere pienamente presenti, consapevoli di dove siamo e di ciò che stiamo facendo e non esatti o sopraffatti da ciò che sta accadendo intorno a noi.

E non importa quanto lontano galleggiamo, c'è un senso di coscienza proprio lì per riportarci dove siamo e cosa sentiamo e facciamo. Se vuoi sapere cos'è la conoscenza, provala per un po 'all'inizio. Poiché è difficile inchiodare a parole, nei libri, nei siti Web, nell'audio e nel video, troverai lievi variazioni nel significato.

La definizione di consapevolezza

La consapevolezza è la capacità umana di base di essere pienamente presenti, consapevoli di dove siamo e di ciò che stiamo facendo e non esatti o sopraffatti da ciò che sta accadendo intorno a noi.

La consapevolezza è una qualità già posseduta da qualsiasi essere umano; non è qualcosa che devi evocare; devi solo sapere come accedervi.

I tipi di pratica della consapevolezza

Mentre è innato per essere consapevoli, può essere coltivato usando tecniche comprovate. Ecco alcuni esempi:

1. Meditazione seduta, camminata, in piedi e in movimento (anche è possibile sdraiarsi ma spesso porta al sonno);
2. Inseriamo brevi pause nella vita di tutti i giorni;
3. L'esercizio di meditazione è mescolato con altre pratiche, come lo yoga o lo sport.

Pratica dei benefici della consapevolezza:

Quando meditiamo non aiuta a concentrarsi sui benefici, ma solo a fare la pratica, eppure ci sono vantaggi altrimenti nessuno dovrebbe farlo.

Quando siamo consapevoli, riduciamo lo stress, miglioriamo le prestazioni, acquisiamo informazioni e consapevolezza osservando la mente e aumentiamo la nostra attenzione al benessere degli altri.

La meditazione sulla consapevolezza ci offre un momento della nostra vita in cui possiamo sospendere il giudizio e scatenare la nostra innata curiosità sul funzionamento della mente, rivolgendo la nostra esperienza con comodità e gentilezza - a noi stessi e agli altri.

8 Fatti sulla consapevolezza:

1. La consapevolezza non è né misteriosa né esotica. Lo conosciamo perché è quello che stiamo già facendo, come siamo già. Prende diversi tipi e va con diversi nomi.
2. La consapevolezza non è qualcosa che facciamo particolarmente di recente. Abbiamo già l'opportunità di essere lì, e non pretende di alterare chi siamo. Ma possiamo sviluppare queste qualità intrinseche con attività chiare che sono clinicamente stabilite a beneficio di noi, dei nostri cari, dei nostri amici e colleghi, delle persone con cui interagiamo e delle istituzioni e organizzazioni in cui ci impegniamo
3. Non devono adattarsi. Soluzioni che ci chiedono di cambiare chi siamo o di diventare qualcosa che non abbiamo ripetutamente fallito. La consapevolezza riconosce e coltiva il meglio delle persone che siamo.
4. La consapevolezza può diventare un movimento globale che sta cambiando. È per questo motivo:

5. Chiunque può farlo. La pratica della consapevolezza coltiva valori umani comuni e richiede che nessuno cambi le loro credenze. Tutti possono guadagnare e l'apprendimento è veloce.

6. È uno stile di vita. La consapevolezza è più di un puro esercizio fisico. Aggiunge comprensione e compassione a tutto ciò che facciamo e riduce la tensione inutile. Solo un po' ci cambia la vita.

7. Si basa sui fatti. Non dobbiamo prendere a cuore la consapevolezza. Sia la scienza che l'esperienza mostrano i loro benefici positivi per la salute, la felicità, il lavoro e le relazioni.

8. Questo sta scatenando la creatività. Mentre ci occupiamo della crescente complessità e incertezza del nostro ambiente, essere consapevoli può portarci a soluzioni efficienti, resilienti e a basso costo a questioni apparentemente intransigenti.

La consapevolezza non è nella tua testa

Se pensiamo alla consapevolezza e alla meditazione (con la M maiuscola), potremmo rimanere bloccati nel pensare ai nostri pensieri: stiamo cercando di fare qualcosa per ciò che sta provando nella nostra mente. È come se questi corpi che abbiamo fossero solo borse ingombranti per trascinarci intorno alla mente.

Tuttavia, avere tutto nella tua testa manca di un senso di buona vecchia gravità.

La meditazione inizia nel corpo e si ferma. Ciò significa prendersi il tempo di prestare attenzione a dove siamo e a ciò che sta accadendo, e questo inizia diventando consapevoli del nostro corpo

Il metodo farà sembrare le cose galleggianti , come se non doverci andare in giro. Tutto quello che possiamo fare è un'onda.

Eppure, nel corpo, la meditazione inizia e si ferma. Si tratta di prendersi il tempo necessario per prestare attenzione a dove siamo e cosa sta succedendo, e questo inizia con il nostro corpo consapevole. L'atto stesso può essere rilassante, poiché il nostro corpo ha ritmi interni che lo aiutano a rilassarsi se gli diamo una possibilità.

Come sedersi per la meditazione

Ecco una pratica postura che può essere utilizzata come fase iniziale di un periodo di pratica di meditazione o semplicemente come qualcosa da fare per un minuto, forse per stabilizzarsi e trovare un momento di rilassamento prima di tornare nella mischia. Se hai lesioni o altre difficoltà fisiche, questo potrebbe essere cambiato in base alla tua situazione.

1. Si sieda. Qualunque cosa ti siedi - una sedia, un cuscino per la meditazione, una panchina del parco - trova un posto che ti dia un sedile stabile e solido che non sia apposto o appeso all'indietro.
2. Ricorda cosa stanno facendo con le tue mani. Se sei su un divano sul pavimento, incrocia comodamente le gambe di fronte a te. (Se stai già facendo una sorta di postura yoga seduta, vai avanti.) Se sei su una sedia, va bene se il fondo dei tuoi piedi tocca il pavimento.
3. Raddrizza la parte superiore del corpo, ma non irrigidirti. La spina dorsale è di curvatura naturale. Lasciamolo lì. La testa e le spalle dovrebbero riposare comodamente sopra le vertebre.
4. Posizionare la parte superiore delle braccia parallela alla parte superiore del corpo. Quindi lascia che le tue mani vadano giù sulle cime delle gambe. Le tue mani atterrano nella giusta posizione con la parte superiore delle braccia ai lati. Ti renderanno troppo lontano. Ti renderanno troppo rigido. Stai regolando le corde del tuo corpo, non troppo strette e non troppo sciolte.
5. Lascia cadere un po 'il mento e lascia cadere delicatamente lo sguardo. Potresti abbassare le palpebre. Quando senti il bisogno, puoi abbassarli completamente, ma quando mediti, non devi chiudere gli occhi. Dovresti solo lasciare ciò che sembra essere lì davanti ai tuoi occhi, senza soffermarti su di esso.
6. Sii lì per un paio di istanti. Rilassati e rilassati. Ora alzati e vai per la tua giornata. E se la prossima cosa nella lista è fare un po' di pratica di consapevolezza prestando attenzione al tuo respiro o alle sensazioni nel tuo corpo, hai iniziato con il piede giusto – e mani e braccia e tutto il resto.
7. Ria accendi di nuovo. Quando la postura è impostata, senti il respiro - o alcune persone dicono "seguilo" - mentre esce e mentre entra.

(Alcune iterazioni della pratica mettono più attenzione all'epidemia e semplicemente lasci una pausa spaziosa per il respiro). Alla fine, la tua mente lascerà il respiro e andrà alla deriva in altre aree.

8. Quando ci si avvicina per notare questo - in pochi secondi, un minuto, cinque minuti - il respiro restituisce la vostra attenzione. Non esitare a giudicarti o ad essere ossessionato dalla sostanza dei pensieri. ritorno. Andrai all'estero; si sta tornando.

9. Ci sono. Questa è educazione. Si è detto spesso che questo è molto semplice, ma non è necessariamente facile. L'obiettivo è solo quello di continuare a farlo. I test devono accumularsi.

COME LA CONSAPEVOLEZZA INFLUISCE SUL CERVELLO

Rimuovendo il misticismo, in che modo la consapevolezza influenza esattamente il cervello? La ricerca ha registrato l'efficacia della consapevolezza in un'ampia varietà di applicazioni cliniche, che vanno dagli interventi di salute mentale come la riabilitazione della PTSD ai miglioramenti quantificabili nel modo in cui ci sentiamo con noi stessi.

I benefici risultati della consapevolezza possono essere considerati come un antico segreto della preistoria. Tuttavia, è solo di recente - grazie agli ultimi progressi della risonanza testualmente, dell'EEG e di altre tecnologie di scansione cerebrale - che siamo stati in grado di convalidare scientificamente ciò che i guru hanno conosciuto per secoli.

Ad esempio, le attività meditative - l'elemento di consapevolezza che è più facile da studiare scientificamente - riducono il numero di onde beta nel cervello, correlate con lo stress e l'ansia, o un forte pensiero razionale a bassi tassi. Quindi possiamo concludere immediatamente che la consapevolezza mantenere la promessa di rilassamento, così come viene commercializzata.

Ciò che sappiamo, tuttavia, va ben oltre. Una ricerca storica del 2005 della dott.ssa Sara W. Lazar, et al., ha scoperto che la meditazione nella corteccia prefrontale aumenta significativamente la capacità cerebrale. Sebbene sia abbastanza notevole da aumentare essenzialmente la capacità cerebrale, ciò che è particolarmente affascinante è che tali miglioramenti si verificano nella corteccia prefrontale.

Per semplificare eccessivamente un argomento complesso, ciò che distingue gli esseri umani dagli animali è la corteccia prefrontale. Non che gli animali non l'abbiano, solo che negli esseri umani è molto più avanzato. La maggior parte del nostro pensiero e ragionamento razionale è responsabile della corteccia prefrontale, tra cui empatia, consapevolezza di sé, percezione, moralità e capacità di concentrarsi durante il tumulto emotivo.

Con questo in mente, è facile vedere come la consapevolezza allenando le parti giuste del tuo cervello potrebbe aumentare la tua produttività. Diamo un'occhiata individuale a ogni area.

fuoco

Una corteccia prefrontale migliore ti dà anche quelli improduttivi un maggiore controllo sulle tue emozioni. Una ricerca dell'Università della California ha scoperto che solo due settimane di formazione all'attenzione "hanno effettivamente ridotto il vagabondaggio mentale tra i partecipanti che erano vulnerabili alla deviazione pre-test", per non parlare di come ha aumentato i punteggi dei test GRE delle materie.

processo decisionale

Poiché le decisioni importanti vengono prese nella corteccia prefrontale, è giusto che la comprensione possa essere di grande aiuto per fare scelte migliori. Sebbene quantificare e calcolare sia un argomento difficile, ciò che sappiamo - grazie a uno studio dell'Università della Pennsylvania - è che essere consapevoli mitiga la distorsione dei costi affondata. La meditazione impedisce al cervello di prendere decisioni soggettive sottolineando le relazioni contestuali e fornendo una prospettiva più forte e razionale.

Sollievo dalla tensione

Il sollievo dallo stress è una giustificazione sufficiente per molte persone per immergersi nella consapevolezza. Sebbene le prove cliniche siano in qualche modo irrilevanti - puoi vedere solo di persona come la meditazione allevia lo stress - uno studio della John Hopkins University ha concluso che "i programmi di meditazione possono comportare riduzioni da piccole a moderate di molteplici dimensioni negative dello stress psicologico", come descritto nel documento come "ansia, depressione e stress".

Gli effetti della comprensione sulla gestione dello stress sono direttamente rilevanti per le imprese e la redditività e sono già stati registrati.

Introducendo un corso di sei settimane sulla consapevolezza e la terapia comportamentale cognitiva, Trasporti for London ha registrato il 71% in meno di giorni di riposo a causa di stress, ansia o depressione e una diminuzione del 50% delle assenze totali. I partecipanti hanno registrato cambiamenti nelle loro relazioni (80%), la capacità di rilassarsi più facilmente (79%), il miglioramento delle abitudini di sonno (64%) e una maggiore soddisfazione sul posto di lavoro (54%).

Rapporti con i colleghi

Spesso è dato per scontato, in particolare nel mondo degli affari, che la comunicazione e il lavoro di squadra siano competenze che possono essere apprese e alcuni dipendenti sono migliori di altri. Sebbene non ci siano stati studi specifici sul posto di lavoro, uno studio congiunto dell'Università di Harvard-Northeastern University ha scoperto che "la meditazione ha migliorato direttamente la risposta compassionevole" alle persone che avevano bisogno di supporto. Considerando la connessione all'empatia nella corteccia prefrontale, questi risultati sono probabilmente solo la punta dell'iceberg.

Risoluzione creativa dei problemi

È interessante, per qualcosa di etereo come la creatività, quante prove scientifiche ci mostrano la sua relazione con la consapevolezza.

In primo luogo, uno studio dell'Università di Leida ha scoperto che gli effetti della meditazione sul pensiero divergente sono "robusti". Il pensiero divergente è il processo di generazione di molti concetti nuovi e originali, rispetto al pensiero convergente, che si tratta di dedurre una singola inferenza da input diversi.

Oltre ai risultati immediati, una relazione della Fielding Graduate University ha ampliato questi risultati per includere una maggiore innovazione a lungo termine. Questa ricerca ha anche scoperto che i partecipanti meditativi erano il 121% più capaci di costruire sui pensieri degli altri, riportando all'influenza della consapevolezza sull'empatia.

Gli esperti hanno anche scoperto che la consapevolezza semplifica tre delle quattro fasi del processo creativo:

1. Preparazione - Un pensiero avanzato e divergente genera più idee per iniziare.
2. Incubazione - La consapevolezza delle onde by-beta rende più facile rilassarsi e ignorare brevemente un problema, una fase integrante del processo creativo. (Questa relazione descrive meglio le circostanze).
3. Illuminazione - Una maggiore conoscenza di sé e comprensione delle proprie emozioni migliora il legame con il subconscio, rendendo più facile per Eureka imbattersi in momenti.

Il quarto livello, il test, si basa più sulla valutazione razionale e sulla messa a punto dell'idea; questo tipo di pensiero è al di fuori delle competenze della coscienza.

felicità

Puoi portare la felicità a un valore? Sì, e quel valore è del 12%, secondo un rapporto dell'Università di Warwick, ecco quanto sono felici i lavoratori di maggior successo. Sebbene una stima conservativa sia del 12%, alcuni soggetti hanno raggiunto un'efficienza fino al 20% superiore al gruppo di controllo.

Abbiamo già affrontato come la percezione riduca la tensione, ma uno studio della Michigan University of North Carolina mostra una connessione più chiara tra meditazione ed emozioni positive. Se non sei ancora convinto, chiedi semplicemente a Matthieu Ricard, la persona più felice del mondo come deciso dalle scansioni cerebrali. Ricard sembra essere un monaco tibetano, che non è estraneo alla meditazione e alla consapevolezza.

Lo stesso studio ha anche trovato una forte connessione tra il tempo trascorso a meditare e la "capacità di piacere e una ridotta tendenza alla depressione" di un individuo. Anche i soggetti con "solo tre settimane di meditazione di 20 minuti al giorno" hanno trovato risultati marginalmente migliori di quelli che non hanno mai meditato affatto.

COME RAGGIUNGERE LA CONSAPEVOLEZZA ATTRAVERSO LA MEDITAZIONE

Mentre la coscienza è spesso indicata come uno stato naturale, la realtà è che raggiungerla è più simile a un'abilità: deve essere padroneggiata e messa a punto prima di essere utilizzata correttamente. Nella società moderna, non mancano le distrazioni e ci vuole tempo per allenarsi per bloccarle. Sebbene alcune persone siano state attive nello studio delle capacità di consapevolezza da sole, altre sono più fortunate ad entrare in un gruppo o in una ricerca sotto un esperto.

Poiché ci vuole pratica e preparazione per raggiungere la coscienza, il soggetto è strettamente legato alla mediazione, la forma più comune (ma non l'unica) di raggiungerla. La meditazione è altrettanto difficile da spiegare: è più simile alla mancanza di azione che a un atto stesso. Inoltre, ci sono centinaia di modi diversi di meditare, dalle secolari pratiche buddiste Zen alle meditazioni guidate più recenti su misura per i periodi più affollati.

Il filo conduttore di ogni mediazione è l'obiettivo di attirare la vostra attenzione sulle percezioni del momento presente, cioè il raggiungimento della coscienza. Le guide consentono ai meditatori di osservare ma non di interagire con i loro pensieri. I metodi differiscono ma spesso includono fare affidamento sui sensi, come una leggera brezza cutanea.

Puoi anche meditare sul tuo respiro in assenza di altre sensazioni; ad esempio, se ti concentri abbastanza, troverai che l'aria è più fredda andando nel naso e più calda che esce. Questo è buono come qualsiasi richiesta per farti andare avanti.

La meditazione fa pensare ad alcune persone di monaci seduti in un tempio di pietra vuoto con le gambe incrociate, ma potrebbe anche essere tu seduto alla tua scrivania e chiudere gli occhi per qualche minuto. Chiamatelo come volete, ma è abbastanza chiaro prendersi un momento per calmarsi. Hai meditato tutta la tua vita qua e là senza nemmeno saperlo.

5 MODI PER MOSTRARE CONSAPEVOLEZZA SUL LAVORO

1. Esercizi di meditazione

La meditazione non ha bisogno di essere reggimentata o vittima di bullismo. Questo può essere fatto praticamente ovunque e ovunque, solo prendendo qualche minuto per te. Ecco i consigli per il principiante di meditare, perché ogni volta che hai un po 'di tempo libero:

Rilassati. Non c'è bisogno che tu ti sieda in posizione verticale e con travi a croce per meditare. La cosa più importante è che sei rilassato, quindi se è questo che è rilassante per te, sentiti libero di meditare su una sedia, sdraiarti a letto o persino stare in piedi. L'obiettivo è quello di eliminare le distrazioni, quindi trova un posto che puoi tenere senza problemi.

Controllo del corpo per lo stress. A partire dalla parte superiore della testa e dirigendosi verso il basso, nota lo stress e allevia qualsiasi punto del tuo corpo. Il mento, la schiena, il collo e talvolta anche la mascella sono i soliti sospetti.

Non batterti per il pensiero. Non è facile, ovviamente, cancellare la mente da ogni pensiero. Non arrabbiarti con te stesso che non puoi spegnere la mente - succede a tutti, compresi gli esperti di meditazione.

Segui certi pensieri mentre la tua mente "galleggia". Una parte del ciclo è lasciarli andare e venire. Conta sempre come meditazione, purché non li tocchi.

4-7-8 Procedura respiratoria. Per i principianti che hanno problemi a schiarirsi le menti, ecco un buon metodo: concentrati sulla respirazione, in particolare usando la tecnica 4-7-8:

- Quattro secondi per respirare.
- Concediti sette secondi per trattenere il respiro.

- Espirare PER 8 secondi.
- ripetere.

Questa è una bella meditazione sulle "ruote da allenamento" per le persone che lottano per essere inattive. Le direzioni sono sufficientemente complesse da tenere la mente occupata dal conteggio, ma ancora sufficientemente chiare da non sminuire l'attenzione.

Se saltare è ancora troppo difficile, puoi scaricare un'app Meditation Aid. App come Relax e Wait, Breathe & Think fungono da insegnante automatico. Queste app offrono una versatilità sufficiente per soddisfarti mentre ti muovi, con meditazioni separate e guidate dalla voce a diversi intervalli di tempo.

2. Evitare il multitasking

Il multitasking è quello che potresti definito un "falso amico": ti fa sentire più efficace, ma il risultato finale non è così bello come pensi, come dimostra uno studio dello Stato dell'Ohio.

Tutto ciò che fa il multitasking è anni accaneggiare gli sforzi per ogni attività, piuttosto che aggiungere piena attenzione a ogni attività. Tuttavia, fare un compito alla volta aiuta a praticare la tua concentrazione, soddisfare la tua consapevolezza con mano e mano.

Zapier è utile qui. È possibile programmare facilmente le attività mediali come dispositivo di automazione per completare automaticamente, gli stessi tipi di attività che si tenta di eseguire con il multitasking perché sembrano minuscole e senza cervello.

3. Adotta una mentalità di crescita

Carol Dweck, dott.ssa Carol Dweck, del Dipartimento di Psicologia di Stanford, sostiene che esistono due forme di mentalità: set e sviluppo. Una prospettiva fissa tratta le caratteristiche, le abilità e i doni della personalità come immutabili e immutabili. Un atteggiamento di sviluppo riconosce che alcuni aspetti possono essere modificati, istruiti e rafforzati.

Sulla base delle evidenze statistiche di cui abbiamo discusso l'intero saggio, un atteggiamento di sviluppo è più vicino alla realtà: i dati indicano che le caratteristiche delle persone sono cambiate in modo inequivocabile e che alcune abilità si sono sviluppate. Se vuoi gli stessi buoni risultati, inizia credendo che li otterrai.

E la ricerca di Dweck ha anche confermato gli effetti positivi di un atteggiamento imprenditoriale sulla produzione.

4. Attenersi alle pratiche

Devi esercitarlo ogni giorno per ottenere il massimo dalla tua consapevolezza. Per i principianti, il miglior consiglio è meditare almeno una volta al giorno e renderlo una routine. Solo venti minuti al giorno, come abbiamo sentito dallo studio UNC-UM di cui sopra, produrranno risultati misurabili in sole tre settimane.

La vera quantità di tempo potrebbe essere ancora più bassa: la dott.ssa Sara Lazar, neuroscienziata di Harvard dietro la scoperta che la percezione migliora la densità prefrontale della corteccia, ha riconosciuto in un'intervista che "i rapporti aneddotici degli studenti indicano che 10 minuti al giorno possono avere un certo valore soggettivo", ma che "dobbiamo verificarlo". Naturalmente, più pratichiamo ogni sessione, più puoi tornare indietro.

La meditazione regolare non deve richiedere molto tempo, ma quando inizi, il problema riguarda meno la dedizione al tempo e più il ricordo di farlo ogni giorno.

Impostare un promemoria di avviso durante i primi giorni, in modo da non dimenticare. Qualunque sia l'ora del giorno perfetta per te, puoi scegliere purché lo fai.

5. Direzione professionale

Sei coinvolto in tutta la formazione sulla consapevolezza dell'organizzazione? Avere una persona che accetta la coscienziosità sembra semplice rispetto a far salire a bordo una comunità di persone. Tuttavia, puoi comunque ottenere l'assistenza di esperti o agenzie per applicarlo intorno all'azienda.

Ci sono molti workshop per insegnare la consapevolezza imprenditoriale. Controlla i gruppi sotto MBSR (Mindfulness-Based Stress Relief) o MBCT (Mindfulness-Based Cognitive Training), con la maggior parte dei corsi della durata di quattro-otto settimane. In alternativa, se stai utilizzando un corso online o un webinar, non hai bisogno di un insegnante interno. Per la logistica, sono più versatili e possono fornire lo stesso livello di istruzione.

L'app Insight Timer mindfulness incoraggia il contatto con il mondo della meditazione e può aiutarti a trovare le guide o i mentori giusti. Puoi trovare insegnanti nel tuo campo o semplicemente seguire i consigli che trovi lì da solo.

Quando sei molto serio nell'ottimizzare la tua produttività - per non parlare di qualcosa sul miglioramento della tua vita e felicità - la coscienza non è nulla da scrollarsi di dosso. All'inizio, potrebbe sembrare morbido, ma con prove che confermano i suoi risultati, vale la pena provarlo per te o per tutto il tuo team.

CAPITOLO 3: ESSERE CONSAPEVOLI: LIBERATI DAL PENSIERO NEGATIVO

Evitare sentimenti negativi è uno dei primi passi da compiere per costruire conoscenze sia sul lavoro che a casa. La prossima volta che ti preoccupi di una scadenza sul posto di lavoro o di un problema finanziario personale, nota i pensieri che inizi ad avere. Puoi dirti di fare una pausa, e lo farai in tempo? Probabilmente no. D'altra parte, inizierai a preoccuparti all'istante di non finire il progetto in tempo? Se sei come altre persone, è probabile che la tua mente salti alle peggiori conclusioni che includono qualsiasi cosa, incluso essere fucilati, essere senza tetto, non pagare un conto in tempo.

Non c'è posto per questo tipo di pensiero negativo e ci sono molti suggerimenti e trucchi per aiutarti a superare questa dannosa linea di pensiero.

Sii libero dai pensieri negativi

È ora di prendere finalmente il controllo della tua vita e dei tuoi pensieri. Sarà una bellissima trasformazione a cui non crederai fino a quando non la vedrai in prima persona, uno dei sentimenti più esaltanti di sempre ad essere libero dal pensiero negativo. La vita è già abbastanza stressante, quindi perché vorresti aggiungerlo? Tu, e solo tu, hai dentro di te per scacciare quei sentimenti negativi dall'esistenza per sempre. Cadere in questa cattiva abitudine è facile, ma sbarazzarsi di questi sentimenti non è facile.

Ci vuole molto sforzo e un'intensa disciplina della mente e del corpo, ma una volta praticato costantemente questo nuovo modo di pensare, sarà più facile tenere i pensieri negativi fuori dalla testa. Imparerai presto a fare di questa un'abitudine e cambierà completamente tutti gli aspetti della tua vita.

Qual è il modo numero uno di combattere questo modo di pensare? compassione! Essere consapevoli può aiutare in così tante aree della tua vita, specialmente sul posto di lavoro. Devi distruggere il tumulto dentro la tua mente e cercare di essere nel momento. Tutto quello che devi fare domani sarà lì, e lo farò. Ricordate che ieri non c'è più, e domani non c'è ancora. Continua a vivere nel presente e, in tutti gli aspetti della tua vita, sei un passo più vicino a una vita meno stressante.

L'effetto dello stress sulla salute

Lo stress può avere un effetto paralizzante sia sulla salute fisica che mentale. "Lo stress è la reazione del corpo a qualsiasi cambiamento che abbia bisogno di alterazione o risposta", secondo WebMD. L'Amministrazione per la sicurezza e la salute sul lavoro (OSHA) ha recentemente dichiarato lo stress come una minaccia occupazionale che costa all'economia americana più di $ 300 miliardi all'anno. (WebMD, 2012) Ecco solo alcuni sintomi di stress che dovresti cercare:

- Mal di testa
- Problemi di stomaco
- insonnia
- Tensione muscolare
- dolore al torace
- fatica
- ansia
- depressione
- Mancanza di motivazione
- Perdita di interessi
- Abusare di cose come alcol, droghe o persino cibo
- Malumore
- irritabilità

Tutti i sintomi sopra menzionati potrebbero non sembrare un grosso problema se li incontri durante l'anno a intermittenza, ma dopo un po ', danneggeranno la tua qualità di vita. Tali problemi possono anche causare condizioni di salute più gravi, come ipertensione, obesità, malattie cardiache o uso improprio di droghe. (www.mayoclinic.org, 2013) Lo stress ha un effetto molto grave sul tuo benessere fisico ed emotivo e non è pensato per essere preso alla leggera. Ora è il momento di distruggere il tumulto della tua vita e iniziare a vivere la tua vita in questo momento,

libero dalla tensione. Quando si può raggiungere, è un obiettivo
raggiungibile.

LA RELAZIONE TRA MENTE E CORPO

C'è un chiaro legame tra la tua mente e il tuo corpo, senza dubbio.
L'attenzione legherà la mente e il corpo e ti permetterà di affrontare
meglio gli stress quotidiani. Quando sei sulla strada per insegnarti ad
essere più consapevole e consapevole del momento, sarai scioccato dalla
velocità con cui superare la giornata e diventerai un individuo più
produttivo e meno depresso a casa e al lavoro, che è ciò a cui tutti
mirano.

Vivere nel momento è incredibilmente necessario, e non pensare a ieri o
domani. Dovrai impegnarti a fare un turno, e anche se all'inizio non sarà
facile, se ti atti erti ad esso e non ti arrechi, vedrai risultati. Assicurati solo
di tenerti isolato dai tuoi sentimenti. Ad esempio, ogni volta che trovi un
pensiero negativo che cerca di farti strada nella tua mente, prova a
forzare il pensiero dalla tua testa sostituendolo immediatamente con un
pensiero positivo. Sarà una lotta incessante per te all'inizio, ma è una
guerra che sicuramente può essere vinta.

La consapevolezza è tutta una volta preparare la mente a pensare in
modo diverso, ed è questo che rafforzerà significativamente il legame tra
mente e corpo.

Suggerimenti e trucchi

Ci sono anche consigli e trucchi utili da ricordare quando si tenta di
sconfiggere il pensiero negativo. Di seguito sono riportate solo una coppia
da ricordare:

- Fai qualche sentimento negativo scritto. Prenditi il tempo per scrivere
  tutti i tuoi sentimenti negativi. Dovresti quindi prendere questo pezzo
  di carta e buttarlo via o strapparlo.
- Fai domande su ciascuno di quei sentimenti. Nel momento in cui senti
  un pensiero negativo entrare nel tuo cervello, dovresti farti alcune

domande, come 1) È utile pensare? 2) La riflessione è vera? E 3) È necessario pensare? Questo ti aiuterà a ottenere una prospettiva più forte su questo tipo di concetti. (Markway, Barbara, 2013)

- Esercizio. L'esercizio fisico è un modo perfetto per mantenersi in equilibrio e per aiutare a far circolare pensieri positivi. Per le persone di tutto il mondo, questo è un grande anti-stress. Questo pompa endorfine nel tuo corpo e ti farà sentire sorprendente.

- Respira e basta. Solo un momento farà miracoli per calmare la mente con alcuni respiri profondi. Prenditi il tempo per chiudere gli occhi e fare un respiro profondo concentrandoti solo sulla respirazione. Puoi farlo fino a cinque minuti al giorno, più volte al giorno.

Una delle prime cose su cui concentrarsi è liberare se stessi dal pensiero negativo. Continua a esercitarti e i pensieri negativi dovrebbero essere un fatto del passato prima che tu lo sappia. Anche se sarà qualcosa su cui devi concentrarti per il resto della tua vita, sai più pratici in questo modo di pensare, più avrai successo nel vincere la battaglia.

Quasi 30.000 studenti studiano nel Regno Unito. Viene rivelato che soffermarsi su eventi di vita stressanti potrebbe essere l'indicatore primario di alcune delle condizioni di salute più comuni di oggi. I risultati di questo ampio studio hanno dimostrato che non si tratta solo di eventi nella vita, ma di come rispondiamo a determinati eventi che formano il nostro benessere psicologico.

Se siamo d'accordo sul fatto che non puoi regolare i tuoi pensieri o le tue emozioni, ma piuttosto concentrarti sul mantenere la tua comprensione di loro e controllare i loro effetti, senza essere coinvolto in essi, allora la vita può essere molto meno stressante. La cosa principale è capire che è meno principale per la sostanza dei nostri pensieri e sentimenti di come lasciamo che ci influenzino.

In realtà, la ricerca mostra che quando agli individui viene detto di non pensare a una cosa particolare, rende più difficile ottenere la cosa dalla loro mente. Ma un frequente riesame delle emozioni negative, noto anche come ruminazione, può essere scomodo e controproducente. Può, in alcuni casi, portare a grave ansia o depressione persistente.

"È come un perno Groove", afferma Guy Winch, Ph.D., psicologo e autore di Emozionale First Ai: Pratica Metodi to Treat Deficiencies, Reception, Guilt and Other Everyday Psychological Injuries. "Quando la scanalatura diventa sempre più profonda, l'ago esce dal solco in un momento più difficile."

È qui che entra in gioco la formazione. Secondo Jon Kabat-Zinn, un pioniere nelle pratiche di consapevolezza, può essere descritto come "prestare attenzione in un modo specifico, intenzionalmente, nel momento presente e senza giudizio". In altre parole, la consapevolezza ci aiuta a diventare più consapevoli dei nostri pensieri senza contrassegnarli o giudicarli.

Una revisione della letteratura sull'attenzione ha dimostrato che le strategie cognitivo-comportamentali incentrate sull'attenzione sono efficaci nel ridurre al minimo sia la ruminazione che la preoccupazione.

I ricercatori concludono: "I trattamenti in cui i partecipanti sono motivati a cambiare il loro stile di pensiero, o a disimpegnarsi dalle reazioni emotive alla ruminazione e / o all'ansia, tendono ad essere benefici più in generale".

I ricercatori Rimma Teper e i suoi colleghi dell'Università di Toronto hanno scoperto che, data la convinzione che la meditazione "svuota la mente delle emozioni", la consapevolezza semplicemente "ci consente di diventare più consapevoli e abbracciare messaggi emotivi che ci aiutano a regolare il nostro comportamento". Norman Farb e colleghi hanno scoperto che le strategie di consapevolezza hanno facilitato la maggiore accettazione di emozioni negative e un comportamento migliore.

R. Chambers e colleghi hanno concluso, sulla base di un'analisi integrativa, che un attento controllo emotivo "non comporta la repressione dell'esperienza emotiva ... ma richiede una riqualificazione completa della percezione e della non reattività, portando alla distorsione di ciò che si sente e consentendo alla persona di selezionare più attivamente quei pensieri, emozioni e sensazioni a cui si assocerebbe,

Quindi ecco sette tecniche di consapevolezza che possono aiutare a controllare pensieri ed emozioni negative:

1. Passa verso la tua approvazione e non lontano dai tuoi pensieri o emozioni negative. Nota dove l'hai sentito nel tuo corpo e quale emozione emerge con la sensazione fisica, fino a quando non diventi consapevole del pensiero negativo o dell'emozione. Siediti solo con l'emozione (ad esempio ansia, paura, rabbia, senso di colpa) e non negarlo, o cercare di bloccarlo o forzarlo. Diventa il tuo osservatore esperto.

2. Identifica il pensiero o la sensazione che senti e segnalo. Ci sono due aspetti in questo. Il primo è contrassegnarlo in modo appropriato, e il secondo è come lo dici. L'uso del linguaggio di un osservatore è più efficace della personalizzazione. Dire, "Sì, questa è la paura che emerge in me in questo momento", per esempio, è preferibile a "Sono terrorizzato".

3. Guarda i tuoi sentimenti o emozioni come transitori o temporanei. Se vuoi aggrapparti a loro e ottenere una qualche forma di incentivo per farlo, se ne andranno. Avere il pensiero o l'emozione come nuvola fluttuante o chiedersi costantemente: "Cos'è questo pensiero / emozione ora? " Va bene.

4. Lascia andare il dover controllare i tuoi sentimenti o pensieri. Soffocare, sopprimere o ignorare pensieri e sentimenti nel tentativo di mantenere il potere non è lo stesso della regolazione emotiva. Sempre, essendo consapevoli di mantenere un distacco equilibrato.

5. Scopri come comprendere le distorsioni cognitive; cioè, accettare i modelli di pensiero che distorcono la realtà. Le fonti di distorsioni cognitive includono pregiudizi nella verifica, nella catastrofe, nella personalizzazione, nella manipolazione dell'errore, nell'accusa e nella famigerata "tirannia del dovrebbe". Comprendere questi pregiudizi ed esserne vittime in questo momento è praticare la coscienziosità. Naturalmente è importante che in seguito si aeli vengono intraprese azioni sufficienti

6. Avere uno schema giornaliero o settimanale per il tempo di pensiero negativo o rabbia. Ti dà il permesso di pensare o sentire brevemente il pensiero negativo o l'emozione, ma aderisci a un limite di tempo equo e limitato. Quindi anche scriverli aiuta.

7. Ricordati di respirare, mettere in pausa e rispondere, piuttosto che reagire deliberatamente. Se ci sono pensieri o sentimenti negativi, possiamo ruminare su di loro inutilmente o rispondere impulsivamente. La consapevolezza ci aiuta a concentrarci sulla respirazione, fermarci e aspettare fino a quando non avremo messo in pratica le tecniche e poi rispondere deliberatamente con un'azione efficace.

CAPITOLO 4: MIGLIORARE LA CONCENTRAZIONE E LA CONCENTRAZIONE CON LA MEDITAZIONE DELLA CONSAPEVOLEZZA

È difficile anche solo avere tempo per i pasti nel nostro mondo stressato e frenetico, molto meno tempo per meditare.

Eppure ecco la buona notizia: puoi trascorrere solo 10 minuti al giorno praticando la meditazione sulla consapevolezza mentre ne raccogli ancora i benefici.

Adam Moore e i suoi colleghi dell'Università di Liverpool John Moores nel Regno Unito hanno scoperto che praticare la meditazione della consapevolezza in brevi intervalli regolari può influenzare positivamente e aumentare i nostri livelli di concentrazione.

I ricercatori hanno reclutato 40 adulti sani, che sono stati poi assegnati casualmente a un gruppo di meditazione o a un gruppo di controllo della lista d'attesa (età e sesso sono stati bilanciati tra i gruppi) per esaminare se la concentrazione può essere migliorata solo da una pratica moderata della consapevolezza.

Durante 16 settimane, ai partecipanti al gruppo di meditazione sono stati somministrati esercizi di respirazione chiari e consapevoli e sono stati osservati un totale di dieci minuti di meditazione ogni giorno, almeno cinque giorni alla settimana. Ogni partecipante teneva un registro di meditazione e ogni settimana registrava la frequenza e il periodo di pratica.

Successivamente, durante lo studio, i ricercatori hanno valutato i partecipanti in tre fasi separate, utilizzando una combinazione di questionari auto-report e un compito Stroop in tandem fornito con un monitor EEG. La sfida consisteva in quattro parole a colori visualizzate sia nello stesso colore della parola scritta (cioè rosso, blu, verde), sia in colori diversi (rosso, blu, verde); i partecipanti hanno definito il colore di ogni parola nel modo più semplice e accurato possibile.

Ecco cosa hanno trovato.

Pratico quotidianamente la meditazione della consapevolezza, anche a brevi intervalli, funzioni cerebrali drammaticamente influenzate rilevanti per il successo delle attività di Stroop.

In altre parole: la ricerca ha dimostrato che una routine di meditazione molto gestibile – solo dieci minuti al giorno – è adeguata ad aumentare la nostra attenzione e concentrazione.

Inoltre, i risultati hanno dimostrato come le abilità che costruiamo e affilammo durante la pratica della consapevolezza ci avrebbero supportato nella nostra vita quotidiana.

Un difetto da notare – e riconosciuto dai ricercatori – è l'imperfezione generale dei controlli della lista d'attesa, e vorremmo stare attenti a supporre che uno di questi risultati sia stato innescato esclusivamente dalle pratiche di meditazione della consapevolezza.

MINDFULNESS STABILISCE NUOVE CONNESSIONI CEREBRALI

La consapevolezza ci aiuta a sviluppare nuove reti neurali all'interno del cervello. Attraverso le reti neurali, il cervello viene infine ricablato per trovare modi diversi e creativi per gestire i compiti e far fronte allo stress e alle emozioni. Stai anche aiutando ad aumentare l'attenzione su te stesso.

La ricerca ha dimostrato che la consapevolezza pratica solleva materia grigia all'interno del cervello. La materia grigia ospita gran parte delle cellule cerebrali rispetto ad altre strutture cerebrali. Un aumento della densità può comportare un migliore contatto tra le cellule e un aumento in due aree note come pons e nucleo raphe può migliorare la nostra salute psicologica generale.

Gestione dello stress basata sulla consapevolezza

Una nuova ricerca sulla meditazione sulla consapevolezza ha scoperto che i partecipanti sentivano meno stress psicologico da ansia, depressione e dolore. Questo ha senso per me perché quando sentiamo ansia, sembriamo dare troppo potere ai nostri pensieri. Le nostre emozioni stanno gestendo le nostre vite, ed è frustrante quando sono negative.

Rafforza la concentrazione in 8 settimane

La ricerca svolta al Massachusetts General Hospital è stata la prima a identificare i cambiamenti di densità nella materia cerebrale grigia. I partecipanti avevano diminuito la densità nelle aree cerebrali responsabili di: In appena otto settimane.

- I meccanismi del pensiero e della memoria
- Salienza mentale (ad alcune emozioni positive viene data la massima priorità)
- Essere in grado di considerare più visualizzazioni
- Regolare le emozioni

Tali regioni cerebrali sono chiamate cingolato posteriore, lobo temporoparietale, ippocampo e cervelletto.

Mentre il lavoro continua, l'aumento della densità della materia grigia in diverse strutture cerebrali mostra un potenziale di cambiamenti cerebrali positivi.

Tali miglioramenti possono aiutare a migliorare la concentrazione e ti consentono di ricordare più chiaramente ciò che stai leggendo. Praticare la consapevolezza in misura maggiore ti aiuterà a prendere più controllo su ciò a cui stai pensando, creando più spazio per imparare cose nuove, capire ciò che hai già letto e quella memoria a lungo termine.

Non è nuovo alla meditazione?

Dei partecipanti alla ricerca sopra menzionati, sono stati tutti nuovi alla meditazione. Il che significa che dopo diverse settimane tutti inizieranno a sperimentare i benefici.

All'inizio potresti pensare che la tua pratica ti distragga di più. Questo perché stai comprendendo meglio tutto, in particolare le distrazioni. Incontrerai più pensieri mentre impari a concentrarti e concentrarti sul tuo cuore, poiché ne sei consapevole. Quindi durante questo periodo, potrebbe sembrare che ti stanno arrivando mille cose. . Quindi questo assicura che la tua concentrazione funzioni meglio: puoi trovare quanto velocemente puoi impedirti di sederti e guardare il muro

Prendi in considerazione la necessità di guidare per andare al lavoro. È un percorso abbastanza familiare, e ogni giorno sai cosa aspettarti. Vedrai gli stessi alberi, cartelli, autostrade e sentieri. Quindi funziona il cervello. Più ci pensi, più è incorporato nella tua memoria, più non sai altro modo. Più sei abituato a impulsi selvaggi e caotici, più sarai consapevole di doverli fermare.

MODO DI MEDITARE

Esistono diversi modi per meditare sulla consapevolezza: esercizi di rilassamento, visualizzazioni e altro ancora. Nel mio libro che ho scritto all'inizio di quest'anno, puoi trovarne alcuni - Perché le pause mentali sono necessarie - ed ecco alcuni altri:

1. 60 secondi - Prenditi 60 secondi per concentrarti solo sulla respirazione, nient'altro. Eseguire più volte al giorno. Puoi aumentare questa lunghezza lentamente nel tempo o semplicemente raddoppiarla ogni giorno. Non pensare che se inizi a preoccuparti e non ti concentri sul tuo respiro hai fallito. Essere in grado di avere un minuto di avvertimento, l'attenzione diretta richiede anni di pratica.

2. Osservazione cosciente - Scegli un oggetto e dedica tutta la tua attenzione ad esso. Non cercarlo o valutarlo, basta guardarlo per quello che è. Potrebbe essere un pennarello, una tazza, una maglietta di Penn State o un segno del muro. Praticare questo è importante perché ti dà un senso di vigilanza, "sveglio" e ti colloca nel momento presente. Ricorda come, durante questo esercizio, non sei preoccupato per il passato o il futuro.

3. Conta lentamente fino a 10 - Conta fino a 10 nella tua mente e prenditi per vedere se sei preoccupato per qualcosa che devi fare, un pensiero del passato, una storia che hai fatto o semplicemente

cercando di contare tutto. Quando dici a te stesso, ricominciare da capo. Puoi iniziare a farlo un paio di volte prima di sentirti a tuo agio a meditare.

4. Mangia lentamente - I maestri del buddismo e dello Zen cadono completamente nel momento presente nutrendosi gradualmente. Questa è una filosofia che insegnano da molto tempo. Mangiare attentamente rallenterà il tuo pasto e ti farà apprezzare meglio il cibo che hai davanti a te. Prestare molta attenzione al gusto, all'odore, all'aspetto del cibo. Potresti ripetere affermazioni come "Sono grato di goderti questo meraviglioso pasto" nella tua testa.

3 STRATEGIE DI MEDITAZIONE PER AUMENTARE LA CONCENTRAZIONE

1. Consapevolezza

Tra i molti metodi di meditazione prontamente disponibili, la pratica della consapevolezza è uno dei modi più comuni e noti per migliorare la concentrazione. Pensi a qualsiasi missione che possa essere svolta perfettamente senza la tua piena attenzione? Molte attività comportano alti livelli di attenzione, tra cui guidare, praticare sport o musica, leggere e prestare attenzione al lavoro o a scuola. Pertanto, è più probabile che tu ottenga gratificazione affinando e realizzando una missione che hai selezionato piuttosto che tentare di destreggiarti tra molti in una volta sola.

Quando alleni la mente per rimanere presente e completamente concentrato su un argomento, ad esempio gli stimoli fisici o il ciclo respiratorio, impari anche a lasciarti andare tutti gli altri pensieri e distrazioni.

Scoprendo che non devi prestare attenzione a ogni piccola cosa che ti viene in mente, c'è molta indipendenza. La tua capacità di concentrazione migliora naturalmente quando puoi essere cosciente a volontà.

2. Meditare zen

Un neuroscienziato italiano di nome Giuseppe Pagnoni ha eseguito uno studio in cui ha confrontato le funzioni cerebrali di una dozzina di praticanti di meditazione Zen a lungo termine e di una dozzina di individui con profili simili che non avevano familiarità con la meditazione. Pagnoni ha scoperto, secondo un articolo su Psicologi Today, che le menti dei meditatori erano più stabili di quelle dell'altro gruppo, e che la loro capacità di concentrarsi era superiore. Non sorprende considerare i metodi sistematici che sono fondamentali per la pratica della meditazione Zen.

3. Contare i cicli di respirazione

Una nuova ricerca ha dimostrato che la respirazione profonda ha un impatto positivo sul nostro corpo perché ci aiuta a far fronte allo stress in modo più bile. La maggior parte delle aziende all'avanguardia dispone di sale di meditazione e consente al proprio personale di riposarsi, rilassarsi e concentrarsi sulla respirazione.

Un metodo di meditazione che è di particolare beneficio per coloro che hanno difficoltà a concentrarsi è contare i cicli di respirazione. Questo metodo di meditazione fa un ulteriore passo avanti dando un compito complesso al meditatore: contare gli inalatori, espirare e uno. Respira, espira, due. Inspira, espira, tre, eccetera. Rimanere completamente coscienti durante questo ciclo è un forte esercizio di attenzione : molte persone svengono che le loro menti sono andate alla deriva fino a quando non hanno potuto contare fino a tre. Tuttavia, con il tempo e la persistenza, la loro capacità di concentrazione aumenta e possono continuare a contare ... Il cielo è il limite!

E l'attenzione e la meditazione?

I risultati dell'attenzione sostenuta mostrano che può essere fatto in modo più efficace da persone che praticano la meditazione guidata per concentrarsi su un compito specifico rispetto ai non meditatori. Soprattutto quando il compito assegnato era completamente inaspettato, si eseguano meglio, un indicatore che la preparazione e la resilienza migliorano con la meditazione regolare.

- Cautela selettiva. I meditatori hanno spesso un vantaggio quando si tratta di concentrarsi sugli stimoli più importanti. Molti che si allenano regolarmente possono limitare quanta attenzione prestano al feedback sensoriale irrilevante e quindi svolgere meglio in attività che richiedono un'attenta cura.

- Impegno a favore della regolamentazione esecutiva. Questo tipo di attenzione riduce la propensione del cervello a elaborare attivamente conoscenze dirompenti come pensieri su eventi futuri o passati. Frequenti meditatori di consapevolezza si sono trovati a svolgere particolarmente bene la funzione esecutiva rispetto ai non meditatori.

MEDITAZIONE GUIDATA DELLA CONCENTRAZIONE

Se consideri difficile la meditazione, la meditazione guidata della messa a fuoco potrebbe essere una buona opzione per te. Ecco la voce di un istruttore che ti guida attraverso la tua sessione di meditazione. La sessione potrebbe svolgersi a casa tua o in un ambiente di gruppo. Praticare la meditazione guidata a volte sembra più semplice che farlo da solo. Tuttavia, è importante stare all'erta perché il comfort stesso di essere guidati e seguire le indicazioni è così rilassante che la mente inizia a vagare - o stai facendo per so rilassarti. Come meditatore, il compito è notare quando ciò accade e tornare alla pratica.

La meditazione della messa a fuoco dovrebbe essere praticata per gran parte del tempo. Dovresti insegnarti a rimanere nel momento ed essere consapevole dei pensieri che vanno e vengono. Tieniti consapevole di svolgere le tue attività quotidiane. Ad esempio, mentre mangi, prova a sentire la consistenza e il gusto del tuo cibo mentre mastica e considera le varie sensazioni presenti nel tuo corpo. L'intera bocca è coinvolta, le ghiandole salivari sono attivate, molti muscoli sono coinvolti nella masticazione e nella deglutizione e così via.

Non fare il resto! Non ascoltare la radio, fare una lista della spesa, controllare le tue e-mail o leggere i giornali. Mangialo e senti che ti stai divertendo. Per migliorare la concentrazione, usa l'atto di mangiare o partecipare ad altre attività rimanendo un punto concentrato sul compito a portata di mano.

Dopo aver letto questo libro, è evidente che sei interessato alla pratica della meditazione e ai suoi risultati: rendere la vita più piacevole e significativa. E così siamo! Mindworks è un'organizzazione senza scopo di lucro la cui missione è quella di condividere consigli significativi sulla meditazione con te e con i nostri follower in tutto il mondo.

CAPITOLO 5: COME INVERTIRE I MODELLI DI PENSIERO NEGATIVO

Le tue emozioni stanno principalmente decidendo il prisma che percepisci il mondo attraverso. Questo scopo deve esplorare l'essenza dei tuoi pensieri. Alla fine sono più positivi che negativi? Gettano le basi per un approccio positivo o negativo?

Anche la vostra genetica e il vostro clima stanno contribuendo ad affrontare queste domande. La dicotomia tra natura e nutrizione è stata esplorata per secoli, ma molti credono che i due siano intrecciati in modo intricato. In altre parole, sei influenzato sia dalla tua composizione genetica che dal tuo ambiente naturale.

La buona notizia è che qualcuno di voi non deve sentirsi minacciato. Hai una parola su quali pensieri dovresti prestare attenzione. Questo potrebbe non sembrare sempre così perché le tue abitudini di pensiero stanno diventando così normali, ma puoi sostituire i pensieri negativi con quelli più ottimistici con un po 'di intuizione e un po 'di tempo.

Abitudini generali di pensiero

I modelli di pensiero negativo possono causare inutili tensioni e ansia, spianando la strada a una visione cupa della vita. Il Dr David Burns descrive le comuni abitudini di pensiero negativo, o illusioni cognitive nel suo libro, Feeling Good: The Moderni Mood Therapy, come ad esempio:

- Pensiero tutto o niente: pensare in parole nere, bianche o drastiche. O ti comporti come "grande" o come "fallimento" in un modo che chiami.
- Non ricordo che stavo mangiando un sacchetto di patatine fritte. Ho saltato completamente il mio cibo. Sono una delusione totale e totale. Ora posso anche mangiare l'intero branco.
- Sovra generalizzazione: Assumere in modo impreciso che un brutto incontro porterebbe a un futuro cupo pieno di molti altri.
- Pensavo di avere il lavoro. Allora non ne troverò mai uno e sarò disoccupato per sempre.

- Ingrandimento (o catastrofe): esagerare le specifiche degli incidenti negativi e sopravvalutare le imperfezioni e le preoccupazioni, rendendo gli eventi molto più grandi di quanto non siano.

Ho armeggiato con tutte quelle persone per il mio vocabolario. Devono pensare che sono la persona più stupida del pianeta. Probabilmente il mio datore di lavoro mi biasimerà per questo. E allora cosa farò?

- Ragionamento emotivo: Supponendo che il modo in cui ti senti giusto sia la verità della tua realtà.
- Ultimamente, mi sono sentito così nervoso e stressato, il che significa che i miei problemi sono piuttosto importanti e quasi difficili da risolvere.
- Dichiarazioni must: usando frasi "shall" per rafforzare l'azione quando alla fine ti lasciano irritato e sotto pressione.

Dopo aver mangiato la pizza mi sarei alleno.

Rispedirò tutte quelle e-mail al lavoro.

Per il resto del mese mando super sano.

La dott.ssa Melanie Greenberg affronta due forme di pensiero più specifiche in un articolo su Psicologi Today:

- Ruminazione negativa: costante enfasi sulle conseguenze negative, portando a sentimenti di disattenzione, ansia e persino depressione.
- Stai pensando troppo: cercando di anticipare e prepararti a qualsiasi situazione immaginabile, cercando fondamentalmente di controllare ciò che è fuori dal tuo controllo, cercando di prevenire dolore o fallimento.

Quando puoi uscire da quelle abitudini negative di pensiero e sostituirle con pensieri più positivi? Ecco cinque suggerimenti.

1. Pratica la consapevolezza

Per seguire forme di pensiero più ottimistiche, troverete prima di tutto consapevoli dei modi di pensare esistenti. Nel praticare la consapevolezza, riconoscerai e riconoscerai le abitudini di pensiero che sono diventate normali, quindi determinerai se perseguirle o meno. La consapevolezza stabilisce un buffer tra te e le tue emozioni in modo da poterti percepire come distinto da loro.

Incorpora la messa a fuoco nella routine mattutina o serale, seduto tranquillamente per un paio di minuti (e lentamente allungando con la pratica). Quando emerge un pensiero, devi semplicemente trasformare l'enfasi sul tuo respiro invece di legarti ad esso.

2. Rispondi alle tue critiche interiori

Al tuo critico interiore piace convincerti di fatti che ovviamente non sono veri e a volte ti fanno sentire piuttosto male con te stesso. Parla della voce come di un'entità diversa da te. Sfida le bugie che sta cercando di dirti. Chiediti: È valido? Ci sono prove a sostegno di tale affermazione?

Un'altra strategia è ringraziare la voce interiore per il loro feedback, ma poi dire: No, grazie. Non voglio affrontare emozioni così negative. Oppure potresti scegliere una risposta più breve e diretta come: Non ora o Elimina.

3. Conoscere gli attivatori

Alcuni individui, eventi e circostanze possono mettere in moto un flusso apparentemente infinito di pensieri negativi (o forse più del solito), quindi è importante esse ne essere consapevoli. Forse le esperienze con il tuo capo o decisioni di vita significative ti rendono inutilmente critico nei tuoi confronti o dubitano della tua autostima. Ti rinforzerai e ti sentirai più in controllo delle tue emozioni quando sarai consapevole delle tue cause, piuttosto che scivolare di nuovo in vecchie abitudini di pensiero negativo.

È anche utile riconoscere quali pregiudizi cognitivi sembri replicare frequentemente, come quelli sopra elencati.

4. Scrivilo

Mettere le emozioni sulla carta non è solo un modo perfetto per scaricare i tuoi pensieri, ma anche per capire di più sulla loro essenza. A volte, non sai quanto siano negative le tue emozioni. Le abitudini negative di pensiero diventano ripetitive nel tempo, di solito senza nemmeno riconoscersi. Scrivendoli, puoi riconoscere i luoghi di cui hai bisogno più facilmente.

La stampa mattutina, la prima cosa dopo che ti sei svegliato, è il momento perfetto per posizionare il tuo flusso di coscienza sulla carta.

5. Recita un Mantra

Recitare un mantra o un rinforzo positivo è un modo perfetto per trascinarsi fuori e nel momento presente da sotto i pensieri negativi. Questo può essere recitato quando si percepisce la negatività che si diffonde durante il giorno o più volte, per prendere l'abitudine di soffermarsi su di essi.

Puoi scegliere qualsiasi parola o frase che ti aiuterà a portarti nel presente e ti permetterà di concentrarti maggiormente sul positivo. Ecco alcuni suggerimenti:

- Scelgo la pace
- Io sono abbastanza
- Basta fare del mio meglio

6. Cambia il tuo ambiente

I tuoi pensieri spesso possono sembrare così rumorosi che l'unica cosa da fare è cambiare l'ambiente fisico. Fai una passeggiata nella natura, fai una corsa o incontra un amico. L'idea è quella di indulgere in qualcosa di diverso dal ciclo depressivo in modo che quando ci si trova in uno spazio migliore per la testa, si possa tornare al problema in seguito.

Scegli un'attività o un luogo che trovi divertente e sai che ti farà sentire meglio. Se hai bisogno della compagnia di qualcun altro, assicurati di circondarti di persone che possano incoraggiare il tuo pensiero positivo. (Evita i trigger!)

Le abitudini di pensiero negative possono essere difficili da rompere, in particolare dopo che sono diventate ripetitive. I modelli che sono in atto da anni non verranno interrotti immediatamente, quindi essere gentili e collaborativi con te stesso mentre li lavori è importante

CAPITOLO 6: DORMIRE IMPORTANTE PER LA MEMORIA E LA COGNIZIONE

Come notato in un recente digest della settimana, il sonno è importante per il benessere. I rischi di privazione del sonno includono una maggiore probabilità di aumento di peso e lo sviluppo di malattie come il raffreddore comune, le malattie cardiache e il diabete, nonché un'attenzione più facilmente sperimentata, la risoluzione dei problemi e le menomazioni decisionali (1). È importante sottolineare che, con solo una moderata privazione del sonno di 1-2 ore a notte (cioè circa 6 ore di sonno) questi rischi aumentano.

Anche se si spera che tu sia convinto che il sonno sia necessario per diversi motivi, la nostra enfasi come scienziati che imparano è sulla cognizione e sulla capacità di imparare e ricordare, quindi riassumo uno studio specifico che mostra l'impatto del sonno sull'apprendimento per questo post sul blog.

Prova di come il sonno aiuta ad imparare

Per indagare l'impatto del sonno sull'apprendimento in classe, Scullin e colleghi hanno tenuto una conferenza sull'offerta e la domanda agli studenti universitari senza precedenti esposizioni all'economia. Gli studenti sono stati distribuiti a una delle due classi a caso. Il primo gruppo guardò la lezione mattutina e tornò per fare un test la sera. Il secondo gruppo ha guardato la lezione serale ed è tornato per fare un test al mattino. In questo modo, il tempo è stato mantenuto costante da una lezione all'altra, ma solo la seconda parte dormiva tra la lezione e la prova.

Il test si è diviso in due pezzi. La metà delle domande era molto simile ai tipi di domande che sono state utilizzate come esempi durante la lezione sull'offerta e la domanda. L'altra metà delle domande sono state chiamate questioni di "integrazione" che richiedevano agli studenti di integrare sia le informazioni sull'offerta che sulla domanda per risolvere nuovi problemi complessi.

I risultati hanno mostrato che gli studenti del gruppo di sonno si sono esibiti circa l'8% meglio sulle questioni che erano simili a quelle della lezione. Ma gli studenti che avevano dormito prima di fare il test hanno eseguito il 32% in più sui nuovi problemi rispetto a quelli che non avevano dormito! In altre parole, dopo aver dormito, gli studenti hanno mantenuto maggiori informazioni, ma la loro capacità di comprendere e applicare tali informazioni ha ricevuto il massimo beneficio dal sonno.

Perché aiutare il sonno a imparare?

Uno dei malintesi comuni riguardo al sonno è che quando non succede nulla, è semplicemente un periodo riposante, o in altre parole, il cervello è ancora. Al contrario, il cervello è molto attivo mentre è a letto, ancora di più che durante le ore di veglia. Per tutta la notte, il cervello attraversa molte forme diverse di sonno, spesso con movimenti molto rapidi e talvolta con quello che viene chiamato sonno ad onde lente. (Per ulteriori informazioni sulle varie fasi del sonno, visitare il helpguide.org.)

È durante il sonno ad onde lente che il cervello inizia a riprodurre le informazioni apprese quando è sveglio, portando al consolidamento della memoria, mettendole in una memoria a lungo termine (3). Mentre il cervello pedala durante la notte attraverso le diverse fasi del sonno, perdere il sonno significa perdere il periodo di recupero.

E, alla fine...

Studenti: Il sonno è il modo migliore per prepararsi. Avere una buona notte di sonno può aiutare in modo significativo a conservare le informazioni in classe, apprezzare le conoscenze e imparare nuove informazioni. In altre parole, se dormi bene ogni notte (non solo la sera prima dell'esame, anche se quella notte è anche importante), hai molte più probabilità di fare bene in QUALSIASI test.

Genitori: Prendi sul serio il sonno. L'ora di andare a dormire è importante in tutte le fasi della vita e l'età dei dispositivi elettronici e dei social media ha reso più difficile proteggere la salute di tuo figlio. Cerca di costruire abitudini salutari per la buona nota' all'interno dei tuoi figli. I consigli per l'igiene per un sonno sano includono:

- Prova a dormire 7,5-9 ore a notte. Il numero di ore necessarie varia da persona a persona, ma per un funzionamento ottimale, la stragrande maggioranza degli adulti ha bisogno di circa 7,5-9 ore ovunque.
- Usa il letto solo per sdraiarti. Se i bambini (o gli adulti) associano il dormitorio al lavoro, alla socializzazione o ad altre attività "sveglie", è meno probabile che si sentano a proprio agio in quella stanza.
- Non assumere caffeina a fine giornata. La caffeina richiede circa 8 ore per entrare nel tuo corpo. Se tuo figlio (o te) sta cenando con una bevanda caffeina, ciò ostacolerà l'opportunità di addormentarsi di notte.
- Impostare e attenersi a un programma di sonno. I nostri corpi useranno il giorno per imparare quando rilassarsi e prepararsi a dormire, impostando efficacemente il ritmo circadiano. Alcune prove suggeriscono che un programma di sonno coerente potrebbe essere ancora più critico per l'apprendimento e la memoria rispetto al tempo di sonno complessivo!

MEMORIA E SONNO: COME LAVORANO INSIEME

Una ricerca pubblicata su Current Biology nel luglio 2019 mostra che una brutta notte di sonno - in particolare, il movimento occhio veloce irrequieto (REM) sonno - effetti negativi sulla funzione cerebrale, come le amigdala, funzionano. Questi sono ammassi di nuclei delle dimensioni di mandorle situati in profondità nei lobi temporali del cervello e responsabili del consolidamento dei ricordi di apprendimento a lungo termine, nonché della raccolta e conservazione di ricordi associati a eventi che generano emozioni intense come dolore, umiliazione, paura e ansia.

Al risveglio, i partecipanti allo studio che hanno sopportato il sonno REM disturbato sono rimasti sensibili agli eventi emotivi del giorno precedente. Allo stesso tempo, individui ben riposati hanno classificato gli eventi del giorno precedente come meno emotivi di quanto originariamente ipotizzato, secondo i ricercatori.

Siamo da tempo consapevoli che l'umore, la vigilanza, l'attenzione e il giudizio sono importanti per una buona notte di sonno. La scienza ha anche stabilito che il sonno gioca un ruolo cruciale nel conservare la memoria. Ciò che non abbiamo capito esplicitamente, almeno fino ad ora, è come questi cicli di sonno e memoria siano teoricamente correlati e come ferissero il modo in cui ciascuno influenza l'altro.

Gli autori dello studio scritti in Proceedings of the National Academy of Sciences nel 2018 suggeriscono che anche una sola notte di privazione del sonno può causare l'accumulo di beta-amiloide, un prodotto di scarto metabolico, nelle strutture cerebrali, comprese le amigdala, che regolano l'umore, l'emozione, la memoria e la capacità di apprendimento e sono coinvolte nello sviluppo del morbo di Alzheimer. Le amigdala mantengono percorsi neurali verso l'ipotalamo, che regola importanti sistemi biologici come il sonno, il ciclo mestruale e il ritmo circadiano e interagiscono con l'ippocampo, una componente chiave nell'elaborazione della memoria.

Infatti, i circuiti neurali che collegano l'ippocampo ad altre regioni cerebrali sono chiamati repository per memorizzare ricordi episodici, in particolare eventi, la loro posizione e le emozioni ad esse associate.

Affinché la memoria funzioni correttamente, devono essere necessari tre processi essenziali:

- Acquisizione: conoscere qualcosa di nuovo o sperimentare qualcosa di nuovo
- Consolidamento: incorporazione di nuove conoscenze nel cervello, tenendolo insieme
- Ricorda: accedi alle informazioni dopo che sono state archiviate

L'acquisizione e il ricordo avvengono mentre uno è sveglio; acquisizione, addormentato; Il cervello risponde agli stimoli esterni mentre è sveglio e codifica nuovi ricordi fragili in quella fase e soggetti a dimenticare. Attraverso una sensibilità notevolmente ridotta agli stimoli esterni, il cervello addormentato offre le condizioni ottimali per consolidare le informazioni, che migliora e incorpora nuova memoria nelle reti di conoscenza esistenti.

Un tempo, i ricercatori credevano che il sonno proteggesse la memoria dagli stimoli esterni dall'intrusione. Ora sappiamo che sia REM che il sonno ad onde lente (SWS) stanno assumendo ruoli più attivi nel consolidamento della memoria, elaborando diversi tipi di ricordi durante le diverse fasi del sonno.

Ad esempio, uno studio in un numero del 2018 del Journal of Sleep Science mostra che una notte di mancanza di sonno può influenzare la memoria di lavoro, che è vitale per il pensiero e la pianificazione.

Più preoccupate, tuttavia, i partecipanti allo studio più colpiti dalla privazione del sonno, le donne, non erano consapevoli del loro declino delle prestazioni, aumentando il rischio di incidenti ed errori. Un ottimo esempio di tale rischio è la relazione tra incidenti automobilistici e privazione del sonno. Altri studi suggeriscono che la memoria dichiarativa basata sui fatti beneficia principalmente dei periodi di sonno dominati dagli SWS e della memoria procedurale, ricordando come fare qualcosa, è correlata al sonno REM.

Mentre abbiamo ancora molto da sapere sul sonno e sulla memoria come medici e scienziati, possiamo affermare con sicurezza che una buona notte di sonno migliora l'attenzione all'apprendimento e alla comprensione di ciò che abbiamo imparato. Ecco alcuni suggerimenti per ottimizzare la qualità e la quantità del sonno:

- Allenamento diurno prima - non diverse ore prima di coricarsi.
- Ridurre o evitare stimolanti come caffeina più avanti nel corso della giornata e alcol di notte.
- Limitare i sonnellini a 30 minuti; dopo mezzogiorno non scattare.
- Attenersi a un programma di sonno; andare a letto e svegliarsi ogni giorno all'in giro nello stesso periodo, compresi i fine settimana e le vacanze.
- Rilassati prima di coricarsi e libera la mente; leggere un libro, ascoltare musica tranquilla.
- Mantieni la serata più fresca in camera da letto. Sto usando il "rumore bianco" di un motore a ventola per coprire rumori fastidiosi come quello. Installare tonalità che scurisci la stanza.

- Assicurati di avere un buon materasso e considera di dormire su un cuscino - non due o tre.
- Non mangiare un pasto abbondante o bere liquido extra poco prima di coricarsi.
- Interrompere l'utilizzo del computer, del laptop o dello smartphone proprio prima di coricarsi. La luce dello schermo attiva il cervello e rende difficile addormentarsi.

L'architettura del sonno è importante quanto la quantità o la qualità. La buona ora di andare a dormire e i tempi di risveglio ci permettono di passare attraverso le fasi di sonno a onde lente e REM. Alcol, sedativi e altri farmaci possono anche ridurre sia il sonno ad onde lente che il sonno REM. E una camera da letto fresca, o bagno caldo prima di andare a letto, migliora il sonno profondamente, lentamente.

CAPITOLO 7: SCIENZA DELLA MEMORIA: LE 10 MIGLIORI STRATEGIE COMPROVATE PER RICORDARE DI PIÙ E IMPARARE PIÙ VELOCEMENTE

Ero ancora invidioso di persone con ricordi incredibili. Sapete, il tipo di persone che, con pochissimo sforzo, accumulano informazioni complete, mentre il resto di noi non ricorda il nome della persona a cui siamo stati presentati pochi secondi fa.

Tuttavia, c'è speranza per tutti noi. Proprio come possiamo rafforzare ogni altro muscolo nel nostro corpo, possiamo addestrare il nostro cervello a ricordare di più e imparare più rapidamente. Non è necessario nascere con una memoria fotografica (e quasi nessun adulto ha attualmente una memoria fotografica, con alcune eccezioni degne di nota ovviamente).

Se hai bisogno di prepararti per un esame, vuoi imparare una lingua straniera, vuoi evitare scomodi la memoria (qual è di nuovo il nome del coniuge del tuo manager?), o semplicemente vuoi rimanere mentalmente sano, è più facile aumentare la tua memoria di quanto sembri. Tutto ciò che serve è provare nuove strategie di memorizzazione o apportare importanti cambiamenti nello stile di vita. Di seguito sono riportati 10 dei migliori suggerimenti e trucchi per migliorare la memoria in breve e a lungo termine.

LA SCIENZA DELLA MEMORIA

Quindi, pensiamo a come funziona la memoria, in modo da poter apprezzare la scienza alla base di alcune strategie di memorizzazione.

Se la memoria - o come i nostri cervelli fanno e ricordano i ricordi - ti sembra misteriosa, non sei solo. Per almeno 2.000 anni, scienziati e pensatori hanno cercato di scoprire come funziona la memoria umana e stanno ancora facendo scoperte. Ad esempio, nel 2016 gli scienziati britannici hanno vinto il più grande premio mondiale per le neuroscienze (1 milione di euro) per il loro lavoro di memoria - la scoperta di una proteina nel cervello che svolge un ruolo chiave nella formazione della memoria e nella perdita di memoria. Ci sono ancora molte cose da imparare e da capire.

Tuttavia, sappiamo che ci sono essenzialmente tre fasi o fasi per l'elaborazione della memoria: codifica, archiviazione e richiamo.

codifica

Il primo passo verso la creazione di una memoria è chiamato codifica: è quando noti un evento o trovi un'informazione, e il tuo cervello percepisce consapevolmente i suoni, le immagini, la sensazione fisica o altri dettagli sensoriali coinvolti.

Facciamo il tuo primo viaggio a Las Vegas, per esempio. La tua memoria di quell'evento è formata dal tuo sistema visivo (notando, ad esempio, edifici dal design stravagante e paesaggio lussureggiante), dal tuo sistema uditivo (squillo della slot machine) e forse dall'odore (i profumi distintivi pompati in ogni casinò).

"Le prove dimostrano che ricordiamo meglio le cose e le manteniamo più a lungo quando usiamo la codifica semantica per associare loro un significato."

Se aggiungi tutti questi input sensoriali al contesto o alle informazioni fattuali, questa si chiama codifica semantica. Ad esempio, se colleghi il Bellagio Resort and Casino di Las Vegas con la sua posizione su una mappa o il fatto che ogni 30 minuti si svolge il display della fontana danzante, codici il Bellagio con memoria semantica.

È bene dire che, come dimostra l'evidenza, ricordiamo meglio le parole e le manteniamo più a lungo quando usiamo la codifica semantica per assegnare loro un significato.

immagazzinamento

Tutti questi piccoli frammenti e informazioni verranno quindi elaborati in diverse parti del cervello. I vostri neuroni (le cellule nervose del vostro cervello) si trasmettono messaggi su ciò che pensavate, essenzialmente "parlando" tra loro e creando collegamenti temporanei o duraturi. I neuroscienziati dicono che è l'attività neurale e la forza di questi collegamenti crea una memoria.

La rete neuronale nel nostro cervello è la chiave per preservare e ripristinare i ricordi

Esistono due tipi di memorie: a breve e lungo termine. La memoria di lavoro o a breve termine è come il scratchpad nel cervello. È quando il cervello conserva brevemente le informazioni prima di ignorarla o passarla alla memoria a lungo termine , ricordando, ad esempio, ciò che si desidera ordinare per il pranzo prima di chiamare il takeout. Quando il tuo cibo viene consegnato e consumato, i dati verranno lasciati andare dal tuo cervello. I ricordi a lungo termine sono quei ricordi a cui tieni per un paio di giorni o anni– cose come andare in bicicletta o cenare con la prima persona di cui ti sei innamorato.

Entrambi i tipi di ricordi possono indebolirsi con l'età perché, nel tempo, il cervello perde cellule critiche per quelle connessioni neuronali-neuronali – ma non è inevitabile. Puoi esercitare il cervello come con la forza muscolare; con la memoria, è "usarlo o perderlo".

ricordare

E alla fine, il cervello "riproduce" o rivisita le vie nervose prodotte quando la memoria è stata sviluppata per ottenere la memoria. Richiamare le informazioni più e più volte aiuta a rafforzare le associazioni e le tue memorie, motivo per cui metodi come l'aggiornamento delle note o l'utilizzo di flash card ti aiutano a ricordare le informazioni.

Ma, se ricordi qualcosa, non è una ricostruzione accurata della prima volta che hai assistito a un evento o trovato una realtà perché la tua conoscenza della situazione attuale è mescolata alla memoria.

MEMORIA COME SPIEGATO NELLA MENTE DELL'UOMO

I ricordi non sono congelati nel tempo, quindi nel tempo, nuove conoscenze e idee possono essere integrate in vecchi ricordi. La memoria può quindi essere considerata un atto di reimpaginazione creativa.

Ecco anche perché le persone possono avere falsi ricordi o possono alterare i loro ricordi di eventi nel tempo.

In modo da sapere come funziona la memoria, la conoscenza può essere usata per rafforzare la nostra memoria. Inizieremo con i miglioramenti nello stile di vita che possiamo fare in quanto possono aumentare più della nostra memoria, e poi passare attraverso diverse tecniche di memorizzazione.

Cambiamenti nello stile di vita che possono aumentare la memoria

In generale, migliorare la salute generale con un sonno migliore, l'esercizio quotidiano e una dieta migliore migliorerà la salute del cervello , compresa la memoria, così come la salute. Questi tre elementi dovrebbero fornirti il miglior botto per il tuo dollaro per evitare la perdita di memoria e aumentare la memoria complessiva.

1. Dormire su di esso

Ecco un modo semplice per aumentare la memoria: dopo aver appreso qualcosa di nuovo, dormi bene o fai un pisolino. Uno studio di ricerca ha mostrato che le persone che hanno dormito per 8 ore dopo aver appreso nuovi volti e nomi potevano ricordarli meglio di quelli che non hanno avuto l'opportunità di dormire. E nel rivedere due set di dati di studio, lo psicologo Nicolas Dumay ha scoperto che non solo il sonno protegge il nostro cervello dalla perdita dei ricordi, ma ci permette anche di ricordare meglio i ricordi.

A cosa si tratta? Sembra che i nostri cervelli siano "resetti" al sonno e siano fondamentali per la memoria e l'apprendimento. Se siete privi di sonno, i neuroni nel cervello sono troppo connessi con così tanta attività elettrica che non potete salvare nuovi ricordi.

E questo rende la causa contro l'intasare a tarda notte per un esame o stare sveglia tutta la notte per provare la presentazione. Come dimostrato dal New York Times:

Non sederti tardi rinfrescando Instagram alla tua solita ora; Andare a letto. I ricercatori hanno trovato la dose più alta del cosiddetto sonno profondo nella prima metà della notte - la varietà a freddo - perché questo è quando il cervello consolida fatti e statistiche e nuove parole. Questo è un territorio per la conservazione, e senza di esso (se rimaniamo in piedi troppo tardi), siamo più lenti su quei fatti di base il giorno successivo.

Pianifica anche i sonnellini! I ricercatori hanno scoperto che fare uno spuntino di circa 45-60 minuti subito dopo aver appreso qualcosa di nuovo potrebbe aumentare la memoria del 500%.

Quindi dormi lì. Se il tuo capo o i tuoi colleghi ti prendono al lavoro a sonnecchiare, mostra loro quei risultati.

2.   Muoversi

Per quanto il sonno sia vitale per il tuo benessere fisico e mentale, lo è anche l'altro pilastro del benessere: l'esercizio fisico.

Il nostro cervello dipende dall'ossigeno per funzionare correttamente, quindi abbiamo bisogno di un buon apporto di sangue ricco di ossigeno nel nostro cervello per ottenere quell'ossigeno. Indovinate un po'? L'esercizio fisico aumenta la circolazione del sangue nel cervello. Studi presso l'Istituto nazionale sull'invecchiamento hanno scoperto che l'attività fisica, come la corsa, è correlata a una memoria migliorata. Un esercizio come questo innesca alti livelli di una proteina chiamata catepsina B, che viaggia nel cervello per innescare la crescita neuronale e nuove connessioni ippocampali, un'area nel cervello che si pensa sia fondamentale per la memoria.

Gli esperimenti sono stati condotti su ratti, scimmie e 43 studenti universitari sedentari che hanno dovuto adattarsi alla ricerca. Quei soggetti che hanno i maggiori miglioramenti della memoria? Lo sai: che seguendo l'attività fisica con il più grande aumento di catepsina B.

Non avere ancora fretta di indossare le scarpe da corsa. Potrebbe essere una paga aspettare dopo aver studiato o appreso qualcosa di nuovo. Allenarsi circa 4 ore dopo l'apprendimento potrebbe essere meglio per il recupero della memoria che esercitarsi subito dopo. I ricercatori non sono anche sicuri del motivo per cui ritardare l'esercizio fisico abbia più successo che allenarsi istantaneamente, ma forse il nostro cervello ha bisogno di tempo per prendere nuove conoscenze prima dell'allenamento che stimola il cervello.

3.   Rafforza la tua dieta

Con tutti questi consigli non vogliamo sembrare tua madre o tuo medico, quindi ecco l'ultimo suggerimento incentrato sullo stile di vita: Mangia sano.

Forse lo sapete, ma i grassi saturi e trans – il tipo che si ottiene dalla carne rossa e dal burro – sono correlati con la memoria compromessa. Proprio come il colesterolo può espandersi nelle arterie del tuo cuore, così può accumularsi nel tuo cervello. Harvard Health descrive:

L'accumulo di placche di colesterolo nei vasi sanguigni cerebrali può danneggiare il tessuto cerebrale, sia con piccoli blocchi che causano ictus silenziosi o un ictus più grande e più grave. In ogni caso, le cellule cerebrali sono private del sangue ricco di ossigeno di cui hanno bisogno per funzionare correttamente, il che può compromettere la memoria e pensare.

Diete come la dieta mediterranea, costituita principalmente da verdure e bacche, olio d'oliva, pesce e noci - ricche di grassi insaturi sani - sono state correlate in vari studi a miglioramenti della memoria e livelli di perdita di memoria inferiori.

Il cervello è pronto a nutrirsi? Ecco la guida della Mayo Clinic per iniziare la dieta mediterranea.

I mnemonico ti aiutano a ricordare di più

Oltre a condurre uno stile di vita equilibrato, ci sono strategie di memoria uniche che possono permetterti di ricordare meglio le specifiche di tutto ciò che sai. "Mnemonics" si riferisce a qualsiasi sistema o dispositivo progettato per aiutare la memoria , di solito modelli di lettere, idee o associazioni, come ROYGBIV per ricordare i colori dell'arcobaleno.

Ecco alcuni dei mnemonico più comuni e popolari:

4.   Prova i mnemonico comuni

I mnemonico più comuni ti aiutano a ricordare rapidamente parole o frasi. Ad esempio, per ricordare l'ordine dei pianeti che orbitano intorno alla Terra, potresti aver imparato "La mia madre molto istruita ci ha appena servito nove pizze" nella scuola elementare (dove la prima lettera di ogni parola sta rispettivamente per Mercurio, Venere, Terra, Marte, Giove, Saturno, Urano, Nettuno e Plutone).

Ecco alcuni altri esempi:

- Acronimi o espressione mnemonico: Simile all'esempio planetario sopra, pensare "Every Good Boy Does Fine" può aiutarti a ricordare le linee della musica Treble Clef (EGBDF).
- Mnemonico musicale: La musica è un forte mnemonico in quanto offre una struttura informativo e promuove la ripetizione. Ricordare una canzone accattivante è molto meglio che ricordare una lunga serie di parole o lettere, come la password per il tuo conto bancario. (È anche il motivo per cui gli inserzionisti a volte usano jingle per mettere i loro annunci nel tuo cervello. Non farmi iniziare con quel jingle Kars4Kids.) Hai già imparato l'alfabeto dalla canzone ABC, quindi se stai cercando un soggetto comune, c'è la possibilità che ci sia una canzone per questo, come imparare i 50 stati negli Stati Uniti con la canzone Fifty Fun degli Stati Uniti o imparare tutti gli elementi dalla t normale.
- Rima Mnemonics: forse ti ricordi la rima che inizia con "Gennaio, Marzo, Giugno e Novembre 30 giorni?" Le rime sono simili ai mnemonico nella musica. Una volta che ogni linea fa rima fino alla fine, produce un ritmo simile a una canzone che è facile da ricordare. Una frase che ho sentito guardando un cooking show: "Sembra lo

stesso, cucina allo stesso modo", un promemoria che anche gli ingredienti di cottura dovrebbero essere a dadini e dadi in modo uniforme.

- Rhyming Peg System: Memorizza una lista di cose usando il "sistema peg" (noto anche come "sistema hook") usando rime numeriche. In questo schema, si memorizza un'immagine di una parola con cui si fa rima per ogni numero. Quell'immagine fornisce le cose che vuoi ricordare, specialmente nell'ordine, con un "gancio" o un "piolo".

Quindi diciamo che hai una lista di cose da acquistare nel negozio di alimentari, per esempio latte, biscotti, banane e pancetta. Si utilizzerà il dispositivo peg per:

1. Per prima cosa, conosci la tavola in rima, o costruiscila. A = panino. 2 = zoo. Tre = árbol. Quatre = Finestra. E così via.
2. Forma un'immagine mentale vivida per ogni numero dell'oggetto in rima. (Che aspetto ha il panino? Che tipo di scarpa è? Di che colore sono le foglie sull'albero? Che tipo di hardware ha la porta?)
3. Immagina l'oggetto Rhyming con la voce di elenco per ogni elemento della tua lista della spesa. Ad esempio, se "latte", "uno" = "panino" è la prima cosa nella tua lista, immagina un contenitore di latte spremuto tra un panino gigante. Vediamo un pacchetto di biscotti cadere nel recinto del leone dello zoo, un acero all'interno del negozio con banane appese a un ramo e fette di pancetta bloccate nella finestra della cassetta delle lettere di una porta nera.

Memorizzare un elenco in questo modo richiede un po 'di sforzo e immaginazione, ma manterrai la conoscenza molto più a lungo che se stai solo cercando di memorizzare le parole in ordine. E una volta che hai il piolo in rima di fondazione verso il basso, questo può essere riutilizzato per qualsiasi potenziale lista.

5. Costruisci un Palazzo dei Ricordi

"La tecnica numero uno che usiamo i migliori atleti di memoria è ancora e sarà sempre il palazzo della memoria. Dovrebbe essere che se qualcuno imparasse una cosa. "- Nelson Dellis, quattro volte campione usa di memoria

Un palazzo della memoria è uno strumento mnemonico che è tanto provato e vero quanto lo è – e questo merita la sua parte. La tecnica del palazzo della memoria (o del palazzo mentale o del "metodo loci", inventata dagli oratori in epoca romana e greca antica, è sia di successo che divertente da usare, sia che tu stia cercando di ricordare un discorso che devi fare, dettagli di un caso a cui stai lavorando (uno Sherlock Holmes), o la tua lista della spesa. In effetti, il quattro volte campione statunitense di memoria Nelson Dellis - che afferma di avere una memoria media - afferma: "La strategia numero uno che noi migliori atleti di memoria usiamo è ancora e sarà ancora il palazzo della memoria.

Nella tecnica del palazzo della memoria, colleghi un luogo che conosci - come il tuo appartamento, il blocco su cui sei cresciuto o il percorso che prendi per andare al lavoro o a scuola - con le cose che vuoi ricordare. Questo funziona perché stai ancorando visivamente (o "posizionando") versioni di ciò che vuoi ricordare in luoghi di cui hai già ricordi chiari.

Per utilizzare la tecnica della memoria del Palazzo:

I. Immagina di stare nel tuo palazzo della memoria. Anche se non è un palazzo, la tua casa è fantastica per cominciare.

II. Fai una procedura dettagliata in questo palazzo, notando mentalmente le caratteristiche distintive che puoi usare per archiviare le cose che vuoi ricordare. Ogni fermata lungo quel percorso è un "loci" a cui è possibile aggiungere l'idea o l'oggetto. Ad esempio, la porta d'ingresso potrebbe essere un locus, il secondo loci del tavolo del foyer, la lampada del soggiorno un altro. Commetti queste funzionalità alla memoria, quindi il percorso e gli elementi in esso presenti saranno impressi nella tua mente quando pensi alla tua casa.

III. Associa i loci nel tuo palazzo a ciò che devi ricordare. Ad esempio, se si avesse una lista di generi alimentari alla porta d'ingresso, si potrebbe immaginare il latte che versa dall'interno sopra la porta, come una cascata di latte quando si arriva al foyer e le fibbie del tavolo fino al soffitto sotto il peso di tutti i biscotti al cioccolato accatastati su di esso. E vedete banane gialle al neon invece di una lampadina nella finestra del vostro soggiorno.

Sembra piuttosto assurdo, ma come discuteremo più avanti in modo più dettagliato, meglio puoi rendere i tuoi ricordi, più visivi, animati e scandalosi.

6. Pensare a chunking ulteriormente

Chunking è un altro strumento mnemonico che può memorizzare grandi quantità di informazioni. Lo userai comunque. Per richiamare o condividere un numero di telefono, è probabile che blocchi i numeri, quindi è più facile ricordare: "888" "555" "0000" invece del più intensivo di memoria "8 8 8 5 5 0 0 0 0". Le prove mostrano che, in media, il cervello umano può mantenere quattro elementi diversi nel suo funzionamento della memoria (a breve termine). Tuttavia, ordinando le informazioni in insiemi più piccoli, possiamo, come dice The Atlantic, "hackerare i confini della nostra memoria di lavoro" per ricordare di più.

La tecnica del chunking prevede il raggruppamento degli oggetti, l'identificazione dei modelli al loro interno e l'organizzazione degli oggetti. Ad esempio, potresti raggruppare gli articoli nella tua lista della spesa per corsia o cercare connessioni tra incidenti in un contesto storico per costruirne pezzi, ad esempio momenti negli anni '20 che hanno coinvolto la Costituzione degli Stati Uniti.

Il chunking funziona perché i nostri cervelli sono ben addestrati a cercare schemi e attaccarsi. Picking Brain spiega:

Il nostro sistema di memoria è molto più potente, affidabile e intelligente di quanto potrebbe mai essere quello di estrarre una struttura utile dai dati grezzi senza metodi sofisticati [come il chunking].

Per metterlo in pratica da soli, puoi raggruppare le parole del vocabolario per una nuova lingua che stai imparando per materia, disporre gli elementi in un elenco entro la prima lettera o dal numero di lettere che hanno o collegare gli elementi con il tutto più grande in cui potrebbero essere coinvolti (ad esempio, mele, zucchero di canna, crosta di torta, burro = torta di mele).

Strategie quotidiane per memorizzare

Oltre agli ausili alla memoria o ai metodi come quelli sopra, ci sono anche tattiche più ampie che possono aiutarti a ricordare meglio ciò che sperimenti ogni giorno - tecniche che funzionano indipendentemente da ciò che cerchi di memorizzare.

7.   Crea nuove relazioni visive (e forse dispari)

Vetro in frantumi. Salse puzzolenti. Urlando, i neonati hanno avvolto. Mentre Dellis mi ha tenuto un corso di formazione sulle strategie di memorizzazione in preparazione del Campionato della Memoria degli Stati Uniti 2012, l'unico aspetto che mi è rimasto tra tutti gli approcci di cui ha discusso è stato quanto vividi – e talvolta senza senso – i ricordi che state facendo la necessità di essere corretti tra la memoria.

La visualizzazione è la capacità di memoria principale. È difficile ricordare nomi e numeri perché sono astratti e le nostre menti non possono tenerli rapidamente. Ma il nostro cervello ha molto più facile memorizzare e ricordare le immagini.

Ecco alcuni trucchi visivi che funzionano bene:

Trasforma il suono dei nomi in immagini: non appena uno sconosciuto dice"Ciao, sono Mike", e tu dici"Hey Mike" - puf! Dimentichi il nome di questo ragazzo perché non hai collegato quella parola con nulla di quel ragazzo (forse è stato memorizzato nella tua memoria a breve termine, ma probabilmente no). Devi avere qualcosa di più legato a "Mike".

L'approccio migliore è quello di trasformare l'abstract in una rappresentazione sonora e visiva con la tecnica del palazzo della memoria e altre strategie di memorizzazione che trattano simboli (come lettere e numeri), usando i suoni all'interno della parola per renderlo un'immagine. Nel caso "Mike", si potrebbe pensare a una foto del microfono. Creare un'immagine per ogni sillaba, per i nomi multi-sillaba. Per "Melanie", potresti pensare di schiacciarlo con melone e ginocchio.

Il secondo passo è quindi quello di agganciare (o ancorare) l'immagine alla posizione che conoscerai. Quando il tuo nuovo amico, Mike, ha occhi eccezionalmente grandi, potresti immaginare microfoni che rimbalzano da ogni suo occhio.

È simile alla tecnica del palazzo della memoria. Tuttavia, invece di ancorare nuove informazioni visive a una posizione, le stai ancorando a una funzione fisica di qualsiasi cosa tu cerchi di ricordare.

Anima le immagini: meglio puoi rendere queste immagini, più animate e vivide. In questo modo si creano connessioni più forti e nuove tra quella parola o quel numero e un'immagine nel cervello.

Coinvolgi il maggior numero possibile di sensi: ricorda come i tuoi sensi avviano il processo di codifica con il cervello? Quando tocchi il tuo senso dell'udito, del gusto e dell'olfatto, ricorderai meglio cose astratte come nomi e numeri. Forse sentirete il feedback audio dai microfoni sull'esempio di Mike. Forse parte del frutto sgorga dal melone nell'esempio di Melanie, e puoi sentirne l'odore.

Tecniche simili si applicano quando si tratta di numerazione. Puoi associare i numeri da 0 a 9 alle immagini, il che ti aiuterà a ricordare meglio le stringhe di numeri lunghi. 0, potrebbe essere una ciambella, per esempio; 1 potrebbe essere un'asta di bandiera; 2 potrebbe essere un cigno. Quindi immagina un cigno che nuota oltre un palo della bandiera per raccogliere una ciambella, per ricordare il numero 210. (Campioni di memoria come Dellis codificano numeri a due o tre cifre con foto in modo che possano memorizzare centinaia di cifre in cinque minuti, 00 è uguale a Ozzy Osbourne, 07 è James Bond, per esempio).

8.   Scrivili, non digitarli

Metti via il tuo laptop. È più probabile che ricordi le note scritte a mano rispetto a quelle digitate.

Ci sono alcuni motivi per cui quando si tratta di memoria, la scrittura a mano è preferibile all'utilizzo del laptop. In primo luogo, l'atto fisico della scrittura, chiamato sistema di attivazione reticolare (RAS), attiva le cellule alla base del cervello. Una volta attivato il RAS, il cervello sta prestando maggiore attenzione a ciò che stai facendo. Simile alla digitazione su una tastiera in cui tasti simili rappresentano ogni lettera, il cervello diventa più coinvolto nella formazione di ogni lettera mentre si scrive a mano.

La ricerca ha anche dimostrato che le persone preferiscono trascrivere le lezioni alla lettera mentre prendono appunti sui loro laptop. Al contrario, preferiamo ri-inalinare le conoscenze nei nostri termini mentre prendiamo appunti a mano - un tipo di apprendimento più coinvolto.

Forse ancora meglio: crea mappe mentali per le materie che stai imparando. Combina l'elemento visivo con parole scritte a mano: ricorda, il nostro cervello si aggancia alle immagini.

9.   Utilizzo della ripetizione distanziata

Sai come preparazione per un test o imparare qualcosa di nuovo, come alcuni fatti affascinanti da un libro, e poi dimenticare ciò che hai imparato immediatamente? A meno che non cerchiamo costantemente di mantenere i dettagli, è probabile che li perdiamo, in giorni o settimane. Questa è l'essenza esponenziale naturale dell'oblio, come la curva di dimenticanza raffigura:

Quando vuoi sapere qualcosa a lungo termine, come il vocabolario in una lingua straniera o le informazioni di cui hai bisogno per la tua carriera, la ripetizione distanziata è il modo più efficace per imparare la materia. Come afferma Gabriel Wyner nel suo eccellente libro sull'apprendimento delle lingue, Fluent Forever: "Un sistema di ripetizione distanziato (SRS) al suo livello più semplice è un elenco di cose da fare che si adatta in base ai tuoi risultati".

Inizierai con brevi intervalli tra una sessione di allenamento e l'altra (da due a quattro giorni). Ogni volta che si ricorda correttamente, è possibile aumentare il periodo (ad esempio, nove giorni, tre settimane, due mesi, sei mesi, ecc.) e superare facilmente intervalli di anni.

Ciò rende le sessioni abbastanza difficili da spingere continuamente le informazioni nella memoria a lungo termine. Se dimentichi una parola, inizierai di nuovo con brevi intervalli e farai ritorno a quelli lunghi fino a quando la parola non si attacca. Questo modello ti mantiene concentrato sui tuoi ricordi più deboli mentre i tuoi ricordi migliori vengono conservati e approfonditi. Poiché termini ben ricordati scompaiono inevitabilmente nel lontano futuro, la pratica quotidiana fornisce un equilibrio tra vecchio e nuovo.

Il modo per evitare di dimenticare è usare uno schema di ripetizione distanziato, con le tue flashcard fisiche o un'app come Anki o Pauker. I dispositivi digitali sono più convenienti, ovviamente, ma una potente esperienza di apprendimento è un processo di creazione delle tue carte, inclusa la scoperta di foto per connetterti a ciò che stai facendo. Le recensioni regolari sono le migliori per entrambi gli approcci, ma qualsiasi forma di routine quotidiana può aiutarti a imparare più rapidamente e ricordare.

10. Condividi quello che sai

Alla fine, c'è l'adagio che "il modo migliore per sapere qualsiasi cosa è mostrarlo a chiunque altro". Una volta che ho chiesto al team zapier quale fosse la loro forma preferita di memorizzazione e apprendimento, la maggior parte delle persone ha parlato di insegnare, spiegare o semplicemente suggerire a chiunque altro ciò che ha imparato.

Mentre [gli studenti] si preparano ad insegnare, organizzano le loro conoscenze, migliorando e ricordando la loro comprensione. E quando descrivono la conoscenza a [un personaggio computerizzato che impara dagli studenti di Betty's Brain], trovano nodi e buchi nel loro pensiero.

Una ricerca sul cervello di Betty del 2009 pubblicata sul Journal of Science Education and Technology ha mostrato che gli studenti interessati a insegnarle hanno trascorso più tempo a studiare e comprendere il contenuto in modo più approfondito.

Suggerimento bonus: scarica la memoria che non vuoi

Il cervello umano è incredibile. Dal momento che i nostri neuroni possono memorizzare molti ricordi alla volta, la nostra capacità di archiviazione mentale è da qualche parte nell'intervallo di 2,5 petabyte (milioni di gigabyte) - abbastanza per trasportare programmi TV non-stop del valore di 300 anni.

Detto questo, anche se non corriamo il rischio che il nostro cervello sia completo, ci sono molte informazioni che ci imbattiamo che possiamo importare attraverso i nostri dispositivi digitali. Memorizzare le informazioni richiede molto tempo, quindi possiamo concentrarci sui dettagli di cui abbiamo bisogno per impegnarci nella memoria.

Evernote si opporrà al tuo secondo cervello per aiutarti a ricordare qualcosa o usare uno dei numerosi altri programmi di prendere appunti per fare lo stesso.

La memoria può essere ancora un mistero per noi, ma gli studi hanno dimostrato che le strategie di cui sopra ti aiutano a ricordare di più di ciò che stai studiando. Non ho una memoria fotografica e ancora, non ricordo dove ho lasciato le mie chiavi, ma quando cerco di usare almeno una delle strategie di cui sopra per impegnarlo nella memoria, sembra rimanere nel mio cervello. Almeno, ho avuto meno momenti di "come ti chiami di nuovo?"

CAPITOLO 8: IMPARARE PIÙ VELOCEMENTE E RICHIAMARE PIÙ DI 20 SUGGERIMENTI E TRUCCHI

Di seguito sono riportato solo alcune idee di apprendimento su come rendere il cervello più intelligente e veloce.

1. Impara cose nuove:

L'apprendimento delle cose più nuove tiene sempre occupato il cervello. Fa uscire il cervello dalla zona di comfort, e il filo stesso per imparare alcuni modi nuovi. È un dato di fatto che quando una persona inizia a camminare o inizia a imparare il linguaggio come Java, il cervello inizialmente fatica a capire ma gradualmente adatta l'intero processo. Da una nuova lingua a una nuova abilità o materia, forma d'arte o sport, si può imparare qualcosa di nuovo, qualcosa a cui il cervello non era abituato prima.

2. Gioca ai puzzle e ai giochi mentali:

Risolvere enigmi mette il cervello in modalità pensiero. Più cerca di trovare le risposte al problema o il quiz, più si apre a nuove idee. Cerca di risolvere vari enigmi da Sudoku al cruciverba o a diversi altri giochi mentali disponibili in questi giorni che ti aiuteranno a imparare le cose più velocemente.

I giochi cerebrali sono simili all'esercizio fisico in cui si spinge il limite fisico per rafforzare il proprio muscolo, e allo stesso modo, i nervi cerebrali devono svilupparsi oltre la loro comoda zona. Questo allenamento cerebrale migliorerà la capacità del cervello di imparare velocemente.

3. Mangia bene:

Il cibo per la mente e il corpo è come il fuoco. Assicurati di mangiare cibo in tempo e di non lasciare che la fame ti sffa. È un fenomeno comune quando hai fame e hai difficoltà a ricordare o pensare a qualcosa. Assicurati anche di mangiare correttamente, evitare l'alcol normale o il cibo è troppo pesante per essere digerito. Evite alimentazione pomeridiana pesante in quanto riduce la capacità cerebrale di funzionàre in modo efficace. Scopri cosa è meglio per te mangiare e preparare un grafico dietetico in modo da imparare più facilmente e ricordare di più.

4. Dormire bene:

Numerosi ricercatori hanno dimostrato nel corso degli anni che un sonno decente di 7-8 ore è sicuro per il cervello di funzionare efficacemente. La mancanza di sonno compromette la salute del cervello e il cervello non sarà in grado di funzionare correttamente e avrà difficoltà a ricordare nulla.

Solo dormendo correttamente, si può vedere la differenza nel modo in cui funziona bene e ricorda bene. La maggior parte delle persone preferisce dormire meno con troppa tensione nella vita e prestare attenzione al programma di sonno.

Cerca il sonno presto e svegliati la mattina presto. Fai la cena almeno due ore prima di andare a letto, smetti di usare i telefoni cellulari fino ad andare a dormire. Un sonno sano e sano è segreto per un cervello più veloce e più cose da ricordare.

5. Buona meditazione:

Con tanta tensione in corso sia nella nostra vita professionale che personale. Anche il sonno non è sufficiente per calmare la mente a volte. La soluzione migliore è meditare una ventina di minuti ogni giorno.

Lascia fluttuare la tua mente e cancella tutti i pensieri e costruisci un po 'di spazio lì. La meditazione è la tecnica più rilassante, che consente al cervello di pensare meglio e di imparare le cose più rapidamente. Ci sono diverse forme di meditazioni da cui provare, vedere quale è adatto a te.

Siediti in una stanza tranquilla o in uno spazio aperto e chiudi gli occhi e respira profondamente. Questo aiuterà la tua mente a rilassarsi dallo stress della vita di tutti i giorni.

6. Una pausa di routine:

Il cervello, con la ripetizione, sembra evitare di pensare qualcosa di diverso, dopo alcuni giorni cercando di rompere la ripetizione. Ad esempio, se parti alle nove del mattino per l'ufficio, un giorno, alle otto e trenta, andrebbe.

Se sei abituato a fare una determinata cosa in un modo specificato, vedi se riesci a trovare un altro modo per fare la stessa cosa. Rompere la monotonia quotidiana del cervello è molto importante per le sue capacità di apprendimento più veloce.

7. Giochi per impegnarsi in:

Lo sport, insieme all'esercizio fisico, sono un altro modo per mantenere la mente in forma. Una buona dieta consente al cervello di funzionare meglio, ma è anche utile fare sport. Non solo incoraggia l'individuo a conoscere lo sport, ma aiuta anche il cervello a capire come una partita può essere vinta in modi diversi.

Lo sport, quindi, tende a generare sentimenti competitivi all'interno dell'individuo, facendoli pensare in meglio. Cerca di conoscere ed eccellere in nuove attività, allenati regolarmente e partecipa se ricevi una mossa.

8. Visualizzare:

Se hai difficoltà a ricordare qualcosa, prova a visualizzarlo come un'immagine. Ad esempio, se trovi difficile conoscere formule o una storia, vedile come un'immagine con gli occhi chiusi perché sarà più facile da ricordare per la mente. Poiché è chiaro che il cervello è bravo con la memoria visiva e tende a ricordare di più sulle informazioni visivamente basate, funziona meglio per imparare le cose più rapidamente e immaginare di più in meno tempo.

9. Crea una storia di apprendimento:

Il cervello è sempre affascinato dalle storie in quanto non stressa il fatto di apprendimento ed è più divertente che informazioni serie. E ricordare le cose sotto forma di una storia funziona bene mentre diminuisce la pressione del cervello per ricordarlo direttamente e divertirsi a conoscere la storia.

10. Impostare l'ora mentre si lavora:

Un altro modo affascinante per far funzionare efficacemente il cervello è fissare le scadenze per determinati lavori. Ad esempio, se decidi di completare una particolare attività, imposta una scadenza, in quanto garantirà che il cervello funzioni in modo più rapido ed efficace. Il desiderio di fare qualcosa spesso aiuta il cervello a capire il modo migliore per risolvere il problema.

11. Agire sull'idea:

La mente continua a funzionare tutto il tempo; cerchiamo continuamente di pensare a una cosa o all'altra, e molte volte, porta a idee sorprendenti. Il modo migliore per farlo è mettere in pratica le idee e renderle reali in quanto permette al cervello di trovare nuove idee. Più forte è, più si opera su di esso, perché renderà il vostro cervello più intelligente e veloce.

12. Interagisci di più con il lavoro che fai:

Non basta pensare e fare qualcosa a caso. Coinvolti e investi pienamente nei lavori o nei progetti che fai, dai il tuo cento per cento e vai oltre il semplice scenario lavorativo. Pensarlo da tutte le direzioni aiuta il cervello ad espandersi sempre di più. Un lavoro impegnato consentirebbe di trovare più facilmente soluzioni ai diversi problemi che si verificano, portando a maggiori studi su un argomento specifico e consentendo un'ulteriore riflessione.

13. Sii positivo nel lavorare insieme:

La disposizione positiva di una persona aiuta il cervello a funzionare meglio e a ricordare di più. Quindi smettila di procrastinare il tuo lavoro in particolare, e continua. Assumersi la responsabilità di una situazione aiuta il cervello a sviluppare fiducia che suggerirà nella personalità. La fiducia di solito porta a un cervello equilibrato e soddisfacente che aiuta anche a stabilire capacità di apprendimento di successo.

14. Interagire di più con le persone:

Non si possono negare i benefici della socializzazione. Mira a mettere sempre più persone in contatto. Conosci i loro nomi e cerca di ricordare i loro nomi sui loro volti. Osserva i loro schemi, per vedere se riesci a capire come sono. È molto difficile cercare di cogliere le azioni umane, ma aiuta il cervello a ottimizzare il suo apprendimento. L'osservazione è una delle migliori forme di apprendimento e si può capire rapidamente di più da essa.

15. Completa una cosa alla volta:

Indipendentemente dalla frequenza con cui si dice che il multitasking va bene o le persone molto rispettate con questa abilità lo sono. Ma l'importante è concentrarsi su un'attività alla volta, completare, realizzare e poi andare avanti. Come aiuta il cervello a sperimentare in esso, e si presta più attenzione al lavoro. Mentre l'energia mentale è dispersa nel processo di multitasking e stancarsi alla fine riduce la capacità di un cervello di lavorare meglio.

16. Sii vigile:

Fai attenzione a dove ti troverai e a qualsiasi cosa tu faccia. Quando sei in una posizione, vedi cosa c'è intorno a te e cerca di ricordare tutto. Se lavori, presta la massima attenzione a questo.

Di solito è difficile essere attenti a qualsiasi cosa perché al nostro cervello manca la disciplina mentale per rimanere in una posizione. Ma essere attenti insegna al cervello a rimanere in un posto immobile. Pertanto, la resilienza della mente aiuta il cervello a funzionare meglio e la capacità di imparare rapidamente.

17. Crea una mappa mentale

Crea una roadmap virtuale di tutto ciò che fai. Ad esempio, se devi andare in un posto formale, prova a ricordare tutto ciò che vedi nella tua mente come una mappa del modo. Vedi se prima appare un negozio di panetteria e poi potresti vedere un cinema più avanti di un ufficio postale.

Proprio come si disegna una mappa su carta allo stesso modo disegnare una semplice mappa mentale in cui è possibile contrassegnare le diverse posizioni di un luogo. Questa mappa mentale funziona in modo abbastanza efficace, in quanto consente di sviluppare una sequenza di situazione.

18. Impara una nuova lingua:

Di solito è un compito scoraggiante per noi imparare una lingua straniera perché la maggior parte di noi è abituata a nostri tounges madre. Ma i ricercatori hanno dimostrato che le persone che possono capire più di due lingue hanno una maggiore capacità cerebrale di imparare e funzionare meglio.

Imparare una nuova lingua è, quindi, un processo piuttosto dispendioso in termini di tempo e fa uscire il cervello dalla zona di comfort nella fonte di comunicazione primaria. Una volta raggiunto, non è mai difficile imparare nulla di nuovo.

19. Costruisci una camera mentale:

Come si può vedere in vari spettacoli investigativi, dove gli investigatori hanno una stanza mentale dove tengono al sicuro tutti i loro pensieri. Questo è un modo affascinante e di grande successo di fare cose. Chiudi gli occhi e costruisci uno spazio mentale nella tua testa, dagli il colore, l'aspetto e la sensazione nello spazio.

Ogni volta che hai bisogno di ricordare qualcosa di significativo, prova a inserire qualsiasi dettaglio cruciale. Se senti la cosa giusta che non riesci a ricordare, chiudi gli occhi e vediti nella stessa stanza mentale. All'inizio, può sembrare impossibile, ma quando il tuo cervello pensa e impara dieci volte più velocemente, funziona meglio.

20. Continua a chiedere:

I bambini di solito hanno menti chiare e sembrano perdere la loro capacità di memoria cerebrale man mano che si sviluppa. Uno dei punti così interessanti da ricordare qui è che i bambini sono naturalmente curiosi e continuano a mettere in discussione tutto ciò che vedono intorno a loro e salvare una parte del tuo bambino dentro di te, e continuare a mettere in discussione le cose intorno a te, essere curiosi ed entusiasti di tutto.

Cerca di trovare le risposte a queste domande ed esploralo più da vicino come fa un bambino. Il segreto della grande memoria e dell'aumento del cervello è mantenere la tua infanzia parte di te stesso. Questo renderà il tuo cervello più veloce nell'apprendere le abilità rispetto ai tempi normali.

concludente:

Nella nostra vita quotidiana, il cervello umano è come qualsiasi altra macchina. Poiché stiamo costantemente operando il sistema nel nostro ambiente, anche il raffreddamento del cervello ha sempre bisogno del trattamento per questo. Non dovrebbe entrare in circostanze che ti rendono infelice o causano disagio perché la fluttuazione emotiva influisce sulla capacità della mente di funzionare. Migliorerai il tuo cervello per funzionare più velocemente e più facilmente seguendo questi punti su come addestrare il tuo cervello a ricordare.

CAPITOLO 9: COME IMPARARE IN MODO INTELLIGENTE: 20 MODI PER IMPARARE PIÙ VELOCEMENTE

Si tratta di quante ore in una settimana ci sono.

Se sei uno studente, probabilmente non senti che questo è abbastanza. Lo so... Hai così tante attività da fare, progetti su cui lavorare e test per cui studiare. Inoltre, hai altre attività e obblighi. E anche tu vuoi una vita sociale.

Non sarebbe fantastico se fossi in grado di studiare in modo più intelligente (non più difficile), ottenere buoni voti e condurre una vita più felice? Lo sarebbe, naturalmente. Questo è il motivo per cui ho scritto questo libro.

L'obiettivo primario dell'istruzione non è quello di ottenere A etero. Tuttavia, imparare a leggere è una competenza critica nella vita. Così, ho passato ore a setacciare articoli scientifici e riviste accademiche per trovare i modi migliori per saperne di più.

Anch'io sono uno studente puro per tutta la vita e da allora ho completato la mia formazione formale. Ho usato quasi tutti i suggerimenti presentati in questo libro durante la mia carriera accademica, in modo da poter controllare che funzionino.

Diamo il via. Ecco 20 modi per imparare più velocemente nelle scienze.

1. Impara la stessa conoscenza in modi diversi.

Lo studio mostra che vari stimoli attivano diverse parti del cervello (Willis, J. 2008). Più regioni del cervello vengono attivate, più è probabile che tu possa percepire le informazioni e conservarla.

Quindi potresti fare quanto segue per imparare un argomento specifico:

- Leggere le note della classe
- Leggi il libro di testo
- Cercare altri strumenti online
- Crea una mappa mentale

- Mostra a qualcuno ciò che hai imparato
- Fai problemi nella pratica da una varietà di fonti

Non puoi fare tutte queste cose in una sola seduta, ovviamente. Ma ogni volta che rivisiti l'argomento, usi uno strumento o un processo diverso in questo modo, puoi imparare più velocemente.

2. Studiare più materie ogni giorno, invece di concentrarsi solo su uno o due argomenti.

Studiare diverse materie ogni giorno per aiutarti a rimanere concentrato ha più successo che scavare profondamente in uno o due soggetti (Rohrer, D. 2012).

Ad esempio, se stai studiando per esami di matematica, storia, fisica e chimica, è meglio imparare un po 'su ogni argomento ogni giorno. Questo approccio ti aiuterà a imparare più velocemente della matematica di lunedì, della storia di martedì, della fisica di mercoledì, della chimica di giovedì e così via.

perché? Per cosa?

Perché se studi molto dello stesso argomento in un solo giorno, è probabile che confondi informazioni simili.

Quindi, come suggerimento per un apprendimento più rapido, diffondi il tuo tempo di studio per ogni argomento. In questo modo il tuo cervello avrà più tempo per consolidare il tuo apprendimento.

3. Controlla frequentemente i dettagli, piuttosto che infilarlo.

Se si desidera spostare le informazioni dalla memoria a breve termine alla memoria a lungo termine, la revisione periodica è essenziale. Questo ti aiuterà a ricevere voti migliori per i tuoi test.

Come mostra la ricerca (Cepeda, N. 2008), la revisione periodica batte l'intasatura a mano.

Il tempo di analisi ottimale varia a seconda di quanto tempo si desidera mantenere le informazioni. Ma l'esperienza – da sola e lavorando con gli studenti – mi informa che i seguenti cicli di valutazione funzionano bene (descrivo l'intero sistema di revisione periodica in questo libro):

- 1a valutazione: 1 giorno dopo che sono state apprese nuove informazioni
- 2a valutazione: 3 giorni dalla prima revisione
- 3a valutazione: 7 giorni dopo la seconda valutazione
- 4a valutazione: 21 giorni dopo la revisione 3
- 5a valutazione: 30 giorni dopo la 4a valutazione
- 6a valutazione: 45 giorni dopo la quinta revisione
- 7a valutazione: 60 giorni dopo la sesta revisione

4. Siediti al fronte della classe.

Se decidi dove sederti durante le lezioni, prendi un sedile anteriore. Gli studi dimostrano che gli studenti seduti davanti continuano ad ottenere punteggi più alti per il test (Rennels & Chaudhari, 1988). I punteggi medi degli studenti sono i seguenti, a seconda di dove si sono seduti in classe (Giles, 1982):

- Le sue prime file: 80%
- Righe intermedie: 71,6 per cento
- Righe indietro: 68.1 per cento

Tali risultati sono stati ottenuti in condizioni in cui sono stati assegnati posti assegnati all'insegnante. Ciò significa che non si tratta solo degli studenti più motivati che scelgono di sedersi davanti e degli studenti meno motivati che scelgono di sedersi dietro.

Sarai in grado di vedere la tavola sedendoti davanti e ascoltare l'insegnante più chiaramente, e anche la tua concentrazione migliorerà.

Ora sai dove sono i posti di classe sono i migliori!

5. Non indulgere nel multitasking.

La ricerca è conclusiva: il multitasking ti rende meno riuscito, più distratto e più stupido. Gli studi dimostrano anche che le persone che affermano di essere brave nel multitasking non sono migliori nel multitasking della media.

Gli studenti efficienti si concentrano solo su una cosa alla volta. Quindi non provare a studiare mentre rispondi anche ai messaggi di testo in modo intermittente, guardando la TV e controllando il tuo feed di Twitter.

Ecco alcuni suggerimenti per migliorare la concentrazione:

- Disattivare le notifiche telefoniche
- Scollegare il telefono o trasformarlo in modalità aereo
- Disconnessione da tutti i servizi di messaggistica istantanea
- Disattivare l'accesso a Internet nel computer
- Uso dell'app Libertà
- Chiudere tutte le finestre del browser Internet non correlate all'attività su cui si sta lavorando
- Rimuovi il disordine dal tuo campo di ricerca

6. Le informazioni vengono condensate, riassunte e compresse.

Utilizzare dispositivi mnemonico come acronimi, in quanto questi hanno dimostrato di aumentare l'efficienza di apprendimento.

Ad esempio# 1

Se si desidera memorizzare lo spettro elettromagnetico per aumentare la frequenza, questo acronimo / frase potrebbe essere utilizzato:

I marziani infuriati usano pistole a raggi X per invadere Venere

(Lo spettro elettromagnetico per aumentare la frequenza è: Radio, Microonde, Infrarosso, Visibile, Ultravioletto, Raggi X, Raggi Gamma.)

Caso n. 2

Domanda: Stalattiti e stalagmiti- chi cresce dalla cima della grotta e chi cresce da terra?

Risposta: Le stalattiti crescono dall'alto mentre le stalagmiti crescono da zero.

Ricerca intelligente laddove possibile, usa strumenti mnemonico. È inoltre possibile riepilogare le informazioni in una tabella di confronto, un diagramma o una mappa mentale. Questi strumenti ti aiuteranno a imparare le informazioni molto più rapidamente.

7. Prendi appunti manualmente, piuttosto che usare il tuo laptop.

Gli scienziati supportano questo, e non solo perché quando usi il telefono, ma hai anche maggiori probabilità di cedere alle distrazioni online. Anche quando vengono utilizzati solo laptop che prendono nota, l'apprendimento è meno efficace (Mueller, P. 2013).

perché? Per cosa?

Poiché gli studenti che fanno appunti a mano preferiscono interpretare le informazioni e riframelarle.

Al contrario, i prendere note per laptop tendono a scrivere ciò che parola per parola viene detto dall'insegnante, senza prima elaborare le informazioni.

Gli studenti che prendono appunti a mano, quindi, fanno meglio negli esami e negli esami.

8. Scrivi le preoccupazioni.

Farò bene a questo esame?

Cosa succede se dimentico concetti ed equazioni essenziali?

Cosa succede se l'esame è più impegnativo del previsto?

Forse, questo tipo di pensieri ti passano per la testa prima di sostenere un esame. Ma se quei pensieri si scatenano, l'ansia che li accompagna può influenzare i tuoi voti.

Ecco la risposta...

I ricercatori dell'Università di Chicago hanno scoperto in un esperimento che gli studenti che hanno scritto dei loro sentimenti su un prossimo esame di 10 minuti hanno ottenuto risultati migliori rispetto agli studenti che non l'hanno fatto. I ricercatori dicono che questa tecnica è particolarmente efficace per i normali worriers.

La psicologa Kitty Klein ha anche dimostrato che la scrittura espressiva migliora la memoria e l'apprendimento sotto forma di diario. Klein sostiene che tale scrittura consente agli studenti di trasmettere i loro sentimenti negativi, permettendo loro così di essere meno disturbati da quei sentimenti.

Per essere meno ansiosi, prenditi 10 minuti per scrivere tutte le cose che ti preoccupano per il prossimo esame. Otterrai voti migliori come risultato di quel semplice esercizio.

9. Mettiti alla prova spesso.

Decenni di studio hanno dimostrato che l'autovalutazione è importante se si vuole migliorare le prestazioni accademiche.

In un esperimento, lo psicologo Keith Lyle dell'Università di Louisville insegnò a due gruppi di laureandi lo stesso corso di statistica.

Alla fine di ogni lezione, Lyle chiese agli studenti il primo gruppo di completare un quiz di quattro domande a sei domande. Il quiz era basato sul contenuto che aveva studiato.

Lyle non ha dato agli studenti quiz per il secondo gruppo.

Alla fine del corso, Lyle scoprì che il primo gruppo superava significativamente il secondo su tutti e quattro gli esami intermedi.

Quindi non leggi passivamente il tuo libro di testo o le note delle lezioni. Studia in modo intelligente sfidando i concetti principali e le equazioni. E mentre ti prepari per un test, fai quante più domande pratiche da fonti diverse possibile.

10. Collega ciò che stai imparando a qualcosa che sai già.

Henry Roediger III e Mark A. McDaniel dello scienziato dimostrano nel loro libro, Make It Stick: The Science of Good Learning, che più fortemente colleghi nuovi concetti a concetti che già capisci, più velocemente impari le nuove informazioni.

Se stai pensando all'elettricità, ad esempio, potresti collegarla al flusso d'acqua. La tensione è simile alla pressione dell'acqua; la portata dell'acqua è simile alla corrente, una batteria è simile a una pompa e così via.

Un altro esempio: i globuli bianchi possono essere pensati come "soldati" che difendono il nostro corpo dalle malattie, che sono i "nemici".

Ci vuole tempo e fatica per pensare a come collegare nuove informazioni a ciò che già sai, ma ne vale la pena.

11. Lettura ad alta voce, informazioni chiave.

Sono stati condotti studi che dimostrano che leggere informazioni forti aiuta gli studenti a imparare più velocemente che a leggere silenziosamente.

Qual è la ragione di ciò?

Entrambi vedete e sentite questo quando leggete le informazioni ad alta voce. D'altra parte, lo vedi solo quando ela elaborando la conoscenza in silenzio.

Leggere ogni singola frase di una singola raccolta di note ad alta voce non è realistico. Ci vorrebbe troppo tempo.

Quindi ecco il metodo che consiglierei:

Passaggio 1: Esprimere i concetti/equazioni chiave mentre si leggono le note. Non evitare di memorizzare alcuni concetti/equazioni principali; stressarli e spingere in avanti.

Passaggio 2: Dopo aver completato il passaggio 1 per l'intero set di note, tornare alle parti sottolineate e leggere tutte le volte che si ritiene necessario ogni concetto / equazione chiave ad alta voce. Leggi lentamente ogni concetto / equazione.

Passaggio 3: Fare una pausa di tre minuti dopo averlo fatto per ciascuno dei concetti/equazioni principali evidenziati.

Passo 4: Al termine della pausa di tre minuti, vai uno alla volta a ogni concetto / equazione sottolineato e coprilo (con la mano o con un pezzo di carta). Mettiti alla prova per vedere se l'hai memorizzato.

Passaggio 5: Ripetere i passaggi 2, 3 e 4 per i concetti/equazioni non memorizzati correttamente.

12. Fai pause dalla ricerca regolarmente.

Fare pause quotidiane di ricerca aumenta l'efficienza e la concentrazione complessiva (Ariga & Lleras, 2011).

Ecco perché non è un'idea intelligente fare un buco nella tua stanza per prepararti per un esame per sei ore di fila. Potresti sentirti come se tu abbia fatto molto in questo modo, ma la ricerca mostra il contrario. E per ogni 40 minuti di lavoro fai una pausa da 5 a 10 minuti.

Suggerisco di utilizzare un timer o un cronometro per ricordarti quando fare una pausa e quando tornare all'analisi.

Evita di usare il telefono o il computer durante la pausa, poiché questi dispositivi ti impediscono di rilassare completamente la tua mente.

13. Alla fine di ogni studio, sessione, ricompensa te stesso.

Impostare un chiaro incentivo per completare la sessione prima di iniziare una sessione di studio. In questo modo, promuoverai la formazione e l'apprendimento della memoria (Adcock RA, 2006).

Il pagamento potrebbe essere semplice come:

- Fai una breve escursione
- Mangia uno spuntino equilibrato
- Ascolta la tua musica preferita
- stendere
- Fai un paio di set di allenamenti
- Per suonare strumenti musicali
- Fai una doccia

Alla fine di ogni sessione, premia te stesso: studierai più intelligente e imparerai più velocemente.

14. Concentrati sul processo e non sul risultato.

Gli studenti che hanno successo a scuola si concentrano sull'apprendimento delle informazioni, non sul tentativo di ottenere un certo voto.

Il lavoro della psicologa di Stanford Carol Dweck indica che questi studenti …

- Concentrati sull'impegno e non sul prodotto finale
- Concentrati sul processo, non sul risultato
- Supponiamo che, anche nei loro poveri soggetti, miglioreranno finché metteranno nel tempo e nel duro lavoro
- Affrontare le sfide
- Definisce il successo come una sfida a imparare qualcosa di diverso, non dritto A

Gli studenti che non hanno così tanto successo tendono a fissare obiettivi per i risultati, mentre i buoni studenti tendono a fissare obiettivi per l'apprendimento.

Qual è la differenza tra i due stili di obiettivi?

Gli obiettivi del successo (ad esempio avere il 90% al prossimo esame di matematica, avere una scuola di alto livello) sono guardare in modo intelligente e dimostrare agli altri.

Al contrario, gli obiettivi di apprendimento (ad esempio ogni due giorni facendo tre problemi di algebra, imparando cinque nuove parole francesi al giorno) parlano di padronanza e crescita.

La maggior parte delle scuole sottolinea l'importanza di ottenere un certo punteggio d'esame o di superare un certo numero di materie. Ironia della sorte, se si vogliono soddisfare – e superare – tali standard, sarebbe meglio ignorare il risultato desiderato e concentrarsi invece sul processo di apprendimento.

15. Bere un minimo di otto bicchieri d'acqua al giorno.

Probabilmente pensate di bere abbastanza acqua, ma gli studi dimostrano che fino al 75 % delle persone si trova in una condizione cronica di disidratazione.

La disidratazione fa male al cervello, così come i voti d'esame.

I ricercatori dell'Università di East London hanno scoperto che la capacità totale di elaborazione intellettuale del cervello diminuisce quando si è disidratati (Edmonds, C. 2013). Ulteriori ricerche hanno dimostrato che la disidratazione restringe anche la materia grigia nel cervello.

La via d'uscita veloce?

Bevi un totale di otto bicchieri d'acqua al giorno. Porta una bottiglia d'acqua ovunque tu vada a bere acqua fino a quando non inizi a sentirti assetato.

E se fai un esame, porta con te una bottiglia d'acqua. Bevi un po' d'acqua ogni 40 minuti, o così. Questo ti aiuterà a rimanere idratato e migliorare le prestazioni del tuo esame. Inoltre, questo serve anche come breve pausa per rinfrescare la mente.

16. Esercizio fisico almeno 3 volte a settimana.

L'esercizio fisico fa bene al corpo. Fa bene anche al tuo cervello.

Diversi studi hanno dimostrato che l'esercizio ...

* Migliora la memoria
* Potenzia la funzione cerebrale
* Diminuisce l'incidenza della depressione
* Aiuta a evitare malattie come diabete, cancro e osteoporosi
* Rende la tua notte più facile
* Riduzione del lavoro
* Migliorare il tuo umore

L'esercizio fisico è un trattamento meraviglia!

Quindi, per studiare in modo più intelligente, allevati per 30-45 minuti ogni volta almeno tre volte a settimana. Sarai più sano ed energico, e ricorderai anche informazioni migliori.

17. Dormire una notte per almeno otto ore e non tirare tutte le notti.

Finora ho parlato con 20.000 studenti e ho lavorato con loro. Nessuno mi ha detto che dorme otto ore a notte in modo coerente.

"È troppo da fare", dicono più volte gli studenti. Come studente, il sonno a volte sembra più un requisito che un privilegio.

Ma cosa dovrebbe dire la ricerca sul sonno?

La ricerca mostra che se dormi abbastanza, sarai più concentrato, imparerai più velocemente e migliorerai la tua memoria. Sarai anche più efficace nell'affrontare lo stress.

Questa è una ricetta di buon livello.

Quindi, almeno otto ore di sonno a notte. Ciò renderà le tue sessioni di studio più produttive e non dovrai passare più tempo possibile a colpire i libri.

Inoltre, l'esperto di sonno Dan Taylor afferma che imparare il materiale più difficile prima di andare a letto rende più facile ricordare il giorno successivo. Quindi, quando possibile, organizza il tuo programma in modo da poter studiare l'argomento più difficile proprio prima di andare a dormire.

E, ultimo ma non meno importante, non tirare tutte le notti. Come rivela il lavoro della psicologa Pamela Thacher, gli studenti che tirano tutte le notti ottengono voti più bassi e commettono errori più spericolati.

18. Mangia quei mirtilli.

I mirtilli sono ricchi di flavonoidi che rafforzano le connessioni all'interno del cervello e stimolano la rigenerazione delle cellule cerebrali.

I ricercatori della Reading University trovano che mangiare mirtilli migliora la memoria sia a breve che a lungo termine (Whyte, A. & Williams, C. 2014). I mirtilli potrebbero anche aiutare a prevenire malattie degenerative come il morbo di Alzheimer.

19. Mangia il pollo e le uova.

Un team di ricercatori della Boston University ha condotto uno studio di 10 anni a lungo termine su 1.400 adulti. Hanno scoperto che i partecipanti che avevano diete coline elevate hanno ottenuto risultati migliori nei test della memoria.

La colina è il precursore dell'acetilcolina, vitale per la formazione di nuovi ricordi.

Quali alimenti sono pesanti colina?

Pollo e uova (il tuorlo dell'uovo contiene il 90% della colina totale delle uova).

Dovresti tirare un sospiro di sollievo nel caso in cui tu sia preoccupato per l'alto contenuto di colesterolo dei tuorli d'uovo. Studi recenti dimostrano che le uova sono cibo sano per quasi tutti, incluso il tuorlo.

E se sei vegetariano ci sono alternative nella tua dieta per ottenere colina:

- lenticchie
- Semi di girasole
- Semi di zucca
- mandorle
- cavolo
- cavolfiore
- broccolo

20. Mangia acidi grassi fatti con omega-3.

Gli acidi grassi Omega-3 sono importanti per funzionare nel cervello. Un esperimento (Yehuda, S. 2005) ha anche dimostrato che l'assunzione di una miscela di acidi grassi omega-3 e omega-6 ha diminuito l'ansia nel test degli studenti e aumentato la concentrazione nella mente.

Gli acidi grassi Omega-3 sono associati alla prevenzione di ipertensione, malattie cardiache, diabete, artrite, osteoporosi, depressione, ADHD, demenza, Alzheimer, asma, cancro colorettale e cancro alla prostata.

Questa è una selezione fantastica!

Ecco gli alimenti ricchi di acidi grassi omega-3:

- salmone
- sardine
- sgombro
- trota
- semi di lino
- Semi di zucca
- noci

La linea di fine è

Questo libro, con molte informazioni. Ma non sentirti frustrato, perché, ad un colpo solo, non c'è bisogno di imporre nulla.

Come dice il proverbio...

Che ne dici di ingoiare un elefante? Un boccone alla volta.

Allo stesso modo, fai un consiglio alla volta per implementare tutti i suggerimenti 20 in questo libro. Concentrati su un singolo suggerimento a settimana o persino su un suggerimento al mese.

Una volta che hai trasformato la punta in un'abitudine quotidiana di apprendimento, procedi verso l'altro.

Non permettere che l'obiettivo di avere A dritte diventi un'ossessione malsana nel processo. L'istruzione è più che ottenere buoni voti, dopo tutto.

Si tratta di perseguire l'eccellenza. Si tratta di coltivare i tuoi punti di forza. E si tratta di imparare e sviluppare in modo da poter dare un contributo più produttivo.

Richiede un duro lavoro, ma so che sei all'altezza della sfida.

CAPITOLO 10: 14 MODI NORMALI PER MIGLIORARE LA MEMORIA

Di tanto in tanto, tutti hanno momenti di dimenticanza, in particolare quando la vita si fa da fare.

Anche se questo può essere un fenomeno perfettamente naturale, può essere frustrante avere una cattiva memoria.

La genetica svolge un ruolo nella perdita della memoria, in particolare in gravi condizioni neurologiche come il morbo di Alzheimer. La ricerca ha anche dimostrato che la dieta e lo stile di vita possono avere un effetto importante sulla memoria.

Ecco 14 modi probatori per migliorare naturalmente la tua memoria.

1. Mangia meno zucchero

Mangiare troppo zucchero aggiunto era associato a molte condizioni di salute e malattie croniche, incluso il declino cognitivo.

La ricerca ha dimostrato che una dieta carica di zucchero può contribuire a una scarsa memoria e a una diminuzione della potenza cerebrale, in particolare nella regione cerebrale in cui è memorizzata la memoria a breve termine.

Uno studio condotto su oltre 4.000 persone, ad esempio, ha rilevato che coloro che avevano un maggiore apporto di bevande zuccherate come la soda avevano volumi cerebrali complessivi inferiori e ricordi più poveri in media rispetto a coloro che consumavano meno zucchero.

Non solo il taglio dello zucchero aiuta la tua memoria, ma migliora anche la tua salute generale.

La ricerca ha dimostrato che le persone che mangiano tonnellate di zucchero aggiunto ogni giorno possono avere una memoria più debole e volumi cerebrali inferiori rispetto a coloro che mangiano meno.

2. Prova un integratore di olio di pesce

L'olio di pesce è ricco di acidi eicosapentaenoici (EPA) e acido docosaesaenoico (DHA) acidi grassi omega-3.

Questi grassi sono importanti per la salute generale, riducendo il rischio di malattie cardiache, riducendo l'infiammazione, alleviando lo stress e l'ansia e rallentando il declino mentale.

Molti studi hanno dimostrato che il consumo di integratori di pesce e olio di pesce può migliorare la memoria, in particolare negli anziani.

Un'analisi di 36 adulti più anziani con deficit cognitivo moderato ha mostrato che i punteggi della memoria di lavoro e a breve termine sono notevolmente migliorati dopo 12 mesi di assunzione di integratori concentrati di olio di pesce.

Una recente recensione ha mostrato che quando gli adulti con lievi sintomi di perdita di memoria hanno assunto integratori ricchi di DHA ed EPA, come l'olio di pesce, hanno sperimentato una migliore memoria episodica.

Sia il DHA che l'EPA sono vitali per la salute e la funzione del cervello e aiutano anche a ridurre l'infiammazione nel corpo che è stata associata al declino cognitivo.

Gli acidi grassi omega-3 EPA e DHA sono ricchi di integratori di pesce e olio di pesce. Consumarli può aiutare a migliorare la memoria a breve termine, lavorativa ed episodica, in particolare negli anziani.

3. Fai in modo che il tempo mediti

La pratica della meditazione può, in molti modi, avere un effetto positivo sulla tua salute.

È calmante e stimolante, riducendo la tensione e il dolore, diminuendo la pressione sanguigna e persino migliorando la memoria.

In realtà, è stato dimostrato che la meditazione solleva materia grigia nel cervello. La materia grigia contiene corpi cellulari nei neuroni.

La materia grigia diminuisce con l'età, il che fa male alla memoria e alla cognizione.

La meditazione e i metodi calmanti hanno dimostrato di migliorare la memoria a breve termine in persone di tutte le età, dalle persone sui 20 anni agli anziani.

Ad esempio, uno studio ha scoperto che gli studenti universitari di Taiwan che si impegnavano in attività di meditazione come la consapevolezza avevano una memoria di lavoro spaziale significativamente migliore rispetto agli studenti che non praticavano la meditazione.

La memoria di lavoro spaziale è la capacità di mantenere la conoscenza delle posizioni degli oggetti nello spazio e interpretarla nella tua mente.

La meditazione non fa bene solo al tuo corpo, ma fa bene anche al tuo cervello. La ricerca suggerisce che la meditazione aumenterà la materia grigia nel cervello e migliorerà la memoria spaziale funzionante.

4. Mantenere un peso sano

Mantenere un peso corporeo sano è vitale per il benessere ed è uno dei modi migliori per mantenere il corpo e la mente in perfette condizioni.

Vari studi hanno identificato l'obesità come un fattore di rischio per il declino cognitivo.

Ironicamente, essere obesi può causare cambiamenti nei geni associati alla memoria nel cervello, influenzando negativamente la memoria.

L'obesità può anche contribuire alla resistenza all'insulina e all'infiammazione, che può avere un effetto dannoso sul cervello.

Un'indagine condotta su 50 persone di età compresa tra i 18 e i 35 anni ha mostrato che un indice di massa corporea più elevato era associato a un output di test della memoria notevolmente inferiore.

L'obesità è anche legata a un aumento del rischio di sviluppare il morbo di Alzheimer, una malattia progressiva che distrugge la memoria e la funzione cognitiva.

L'obesità è un fattore di rischio cognitivo. Mantenere un indice di massa corporea entro l'intervallo normale ti aiuterà a prevenire diversi problemi legati all'obesità, inclusa la memoria compromessa.

5. Dormi abbastanza

La mancanza di sonno adeguato è stata a lungo legata a una scarsa memoria.

Il sonno gioca un ruolo importante nel consolidamento della memoria, un processo che rafforza i ricordi a breve termine e li trasforma in ricordi di lunga durata.

La ricerca suggerisce che potresti influire negativamente sulla tua memoria se sei privato del sonno.

Una ricerca, ad esempio, ha studiato gli effetti del sonno in 40 bambini di età compresa tra i 10 e i 14 anni.

Un gruppo di bambini è stato addestrato la sera per i test della memoria, poi testato dopo una notte di sonno la mattina successiva. Lo stesso giorno, l'altro gruppo è stato addestrato e testato, senza dormire tra l'allenamento e il test.

Nei test di memoria, il gruppo che dormiva durante l'allenamento e i test ha eseguito il 20% meglio.

Un altro studio ha rilevato che gli infermieri che lavoravano il turno di notte hanno commesso più errori matematici e che il 68% di loro ha ottenuto un punteggio inferiore nei test di memoria rispetto agli infermieri che lavoravano il turno diurno.

Per una salute ottimale, gli esperti di salute raccomandano agli adulti di dormire tra le sette e le nove ore ogni sera.

Gli studi hanno costantemente collegato un sonno sufficiente con migliori prestazioni in memoria. Il sonno aiuta con il consolidamento della memoria. Se sei ben riposato, è più probabile che tu faccia meglio nei test di memoria che se sei privato del sonno.

6. Pratica la consapevolezza

La consapevolezza è uno stato d'animo in cui ti concentri sulla tua situazione attuale e mantieni la consapevolezza dell'ambiente circostante e dei sentimenti.

Nella meditazione, viene utilizzata la consapevolezza, ma i due non sono gli stessi. La meditazione è una pratica più formale, mentre l'attenzione è un'abitudine mentale che puoi usare in qualsiasi situazione.

Gli studi hanno dimostrato che la consapevolezza è efficace nel ridurre lo stress e migliorare la memoria e la concentrazione.

Un'analisi di 293 studenti in psicologia ha scoperto che coloro che erano stati formati in consapevolezza avevano una migliore efficienza di riconoscimento-memoria quando ricordavano gli elementi relativi agli studenti che non avevano subito una formazione di attenzione.

La consapevolezza era anche legata a un minor rischio di declino cognitivo legato all'età e al miglioramento generale del benessere psicologico.

Incorpora metodi di consapevolezza nella tua vita quotidiana prestando maggiore attenzione al tuo momento attuale, riflettendo sulla respirazione e ripristinando gradualmente la concentrazione mentre la tua mente vaga.

Praticare esercizi di consapevolezza era correlato con una migliore produzione in memoria. La consapevolezza è anche associata a una diminuzione della perdita cognitiva per quanto riguarda l'età.

7. Bere meno alcol

Consumare troppe bevande alcoliche può, in molti modi, essere dannoso per la salute e può danneggiare la memoria.

Il binge drinking è un modello di bere che aumenta i livelli di alcol nel sangue a 0,08 grammi per ml o più. Gli studi hanno dimostrato che questo altera il cervello e porta a deficit di memoria.

Uno studio su 155 studenti universitari ha scoperto che gli studenti che consumavano sei o più bevande in un breve periodo, settimanale o mensile, avevano problemi con test di richiamo della memoria immediati e ritardati rispetto agli studenti che non bevevano mai abbuffate.

L'alcol mostra effetti cerebrali neurotossici. Ripetuti episodi di binge drinking possono danneggiare l'ippocampo, una parte del cervello che gioca un ruolo importante nella memoria.

Mentre è perfettamente salutare bere una o due bevande di tanto in tanto, evitare un'eccessiva assunzione di alcol è un modo intelligente per proteggere la memoria.

L'alcol ha effetti neurotossici sul cervello, inclusa una diminuzione della produzione in memoria. Bere moderato occasionalmente non è un problema, ma il binge drinking può danneggiare il tuo ippocampo, un'area chiave legata alla memoria del tuo cervello.

8. Allenare il cervello

Giocare ai giochi cerebrali per migliorare le tue capacità di pensiero è un modo divertente e di successo per migliorare la tua memoria.

Cruciverba, giochi di richiamo parole, Tetris e persino applicazioni di formazione sulla memoria per smartphone sono ottimi modi per migliorare la memoria.

Una ricerca che ha coinvolto 42 adulti con disabilità cognitiva moderata ha scoperto che giocare su un dispositivo di allenamento cerebrale per otto ore in quattro settimane ha migliorato l'output del test della memoria.

Un altro studio su 4.715 persone ha mostrato che la loro memoria a breve termine, la memoria di lavoro, la concentrazione e la risoluzione dei problemi sono migliorate in modo significativo rispetto a un gruppo di controllo quando hanno fatto 15 minuti di un programma di allenamento cerebrale online almeno cinque giorni alla settimana.

Inoltre, i giochi di allenamento cerebrale hanno dimostrato di aiutare a ridurre il rischio di demenza negli adulti più anziani.

I giochi che sfidano il tuo cervello possono aiutare a rafforzare la memoria e ridurre il rischio di demenza.

9. Ridurre i carboidrati raffinati

L'ingestione di grandi quantità di carboidrati raffinati, come torte, pasta, biscotti, riso bianco e pane bianco, danneggerà la tua memoria.

Questi alimenti hanno un alto indice glicemico, il che significa che il corpo digerisce rapidamente questi carboidrati, con conseguente picco dei livelli di zucchero nel sangue.

Gli studi hanno dimostrato che la dieta occidentale, ricca di carboidrati raffinati, è associata a demenza, declino cognitivo e diminuzione della funzione cognitiva.

Un'analisi di 317 bambini sani ha mostrato che coloro che hanno mangiato carboidrati più raffinati come riso bianco, noodles e fast food avevano diminuito la capacità cognitiva con una memoria di lavoro e a breve termine compromessa.

Un altro studio ha mostrato che gli adulti che consumavano cereali pronti da mangiare ogni giorno avevano una funzione cognitiva più scarsa rispetto a quelli che consumavano cereali meno spesso.

Come lo zucchero aggiunto, i carboidrati raffinati portano a un picco dei livelli di zucchero nel sangue che può, nel tempo, danneggiare il cervello. Demenza, deficit cognitivo e diminuzione della funzione cerebrale sono stati collegati con diete ad alto contenuto di carboidrati trasformati.

10. Avere i livelli di test della vitamina D

La vitamina D è un nutriente importante nel corpo che svolge molti ruoli vitali.

Bassi livelli di vitamina D sono stati associati a diversi problemi di salute, tra cui una diminuzione della funzione cognitiva.

Uno studio quinquenquenaggio che ha monitorato 318 adulti più anziani ha scoperto che quelli con livelli ematici di vitamina D inferiori a 20 nanogrammi per ml hanno perso la memoria e altre capacità cognitive più velocemente di quelli con livelli normali di vitamina D.

Alti livelli di vitamina D erano anche correlati a un rischio più elevato di sviluppare demenza.

La carenza di vitamina D è molto comune, specialmente nei climi più freddi e in quelli più scuri della pelle. Parla con il tuo medico dell'esecuzione di un esame del sangue per scoprire se hai bisogno di un integratore di vitamina D.

La carenza di vitamina D è molto comune in particolare nei climi più freddi ed è stata associata a deficit cognitivo e demenza associati all'invecchiamento. Quando sospetti di avere livelli insufficienti di vitamina D, chiedi al medico un esame del sangue.

11. Esercitati di più

L'esercizio fisico è importante per la salute fisica e mentale nel suo complesso.

La ricerca lo ha trovato benefico per il cervello e può aiutare a migliorare la memoria nelle persone di tutte le età, dai bambini agli adulti più anziani.

Ad esempio, uno studio condotto su 144 individui di età compresa tra i 19 e i 93 anni ha scoperto che un singolo attacco di 15 minuti di esercizio moderato su una cyclette ha contribuito a migliorare le prestazioni cognitive in tutte le età, compresa la memoria.

Molti studi hanno dimostrato che l'esercizio fisico può aumentare la secrezione proteica neuroprotettiva e promuovere la crescita e lo sviluppo neuronale, portando a una migliore salute del cervello.

L'esercizio quotidiano di mezza età è anche correlato a un rischio ridotto di sviluppare demenza più avanti nella vita.

L'esercizio fisico porta incredibili benefici a tutto il tuo corpo, incluso il tuo cervello. Anche l'esercizio moderato ha dimostrato di migliorare le prestazioni cognitive in tutte le fasce d'età, compresa la memoria per brevi periodi.

12. Scegli cibi infiammatori

Mangiare una dieta ricca di alimenti antinfiammatori aiuterà la tua memoria a migliorare.

Gli antiossidanti aiutano a ridurre al minimo l'infiammazione nel corpo riducendo lo stress ossidativo che i radicali liberi possono causare. Gli antiossidanti possono essere consumati in alimenti come frutta, verdura e tè.

Un recente studio su nove studi su oltre 31.000 partecipanti ha mostrato che coloro che mangiano più frutta e verdura avevano tassi più bassi di deterioramento cognitivo e demenza rispetto a coloro che consumavano meno di quegli alimenti sani.

Le bacche sono particolarmente elevate in antiossidanti come flavonoidi e antociani. Mangiarli può essere un modo eccellente per evitare la perdita di memoria.

Una ricerca che ha coinvolto più di 16.000 donne ha scoperto che coloro che consumavano più mirtilli e fragole avevano livelli più bassi di deficit cognitivo e perdita di memoria rispetto alle persone che mangiano meno bacche.

Gli alimenti antinfiammatori, in particolare bacche e altri alimenti ricchi di antiossidanti, sono ottimi per il tuo cervello. Non puoi sbagliare nel mangiare una varietà di frutta e verdura per aggiungere altri cibi antinfiammatori nella tua dieta.

13. Prendere curcumina

La curcumina è un composto presente nella pianta di curcuma, ad alte concentrazioni. Fa parte di un gruppo composto, chiamato polifenoli.

È un potente antiossidante ed esercita forti effetti antinfiammatori all'interno del corpo.

Molteplici studi su animali hanno dimostrato che la curcumina diminuisce il danno ossidativo cerebrale e l'infiammazione e riduce anche il volume delle placche amiloide. Questi si accumulano sui neuroni e causano la morte nelle cellule e nei tessuti, portando alla perdita di memoria.

In effetti, l'accumulo di placca amiloide può svolgere un ruolo nella progressione del morbo di Alzheimer.

Sebbene sia necessaria una maggiore ricerca umana sugli effetti della curcumina sulla memoria, studi sugli animali indicano che potrebbe avere successo nel migliorare la memoria e prevenire il declino cognitivo.

La curcumina rappresenta un potente antiossidante. Studi sugli animali hanno dimostrato che riduce l'infiammazione cerebrale e le placche amiloide. E' quindi necessaria un'ulteriore ricerca umana.

14. Aggiungi un po 'di cocco alla tua dieta

Il cacao non è solo gustoso ma anche nutriente, offrendo una potente dose di flavonoidi chiamati antiossidanti. La ricerca suggerisce che i flavonoidi sono particolarmente buoni per il cervello.

Possono aiutare a stimolare la produzione di vasi sanguigni e neuroni e aumentare il flusso sanguigno in parti del cervello coinvolte nella memoria.

Uno studio su 30 persone sane ha scoperto che coloro che consumavano cioccolato fondente con 720 mg di flavonoidi di cacao mostravano una memoria migliorata rispetto a coloro che consumavano cioccolato bianco senza flavonoidi di cacao.

Scegli il cioccolato fondente con un contenuto di cacao del 70% o superiore per ottenere il massimo dal cioccolato. Ciò contribuirà a garantire che vi siano presenti maggiori quantità di antiossidanti come i flavonoidi.

Il cacao è ricco di antiossidanti che possono aiutare a migliorare le prestazioni nella memoria. Seleziona il cioccolato fondente con il 70% o il cacao superiore, in modo da ottenere una dose concentrata di antiossidanti.

La linea bassa

Ci sono molti modi interessanti, facili e persino gustosi per migliorare la tua memoria.

Tutte le strategie eccellenti includono migliorare la mente e il corpo, gustare un ottimo pezzo di cioccolato e ridurre la quantità di zucchero aggiunto nella dieta.

Inizia ad aggiungere alla tua routine quotidiana alcuni di questi suggerimenti supportati dalla scienza per migliorare la salute del tuo cervello e mantenere la memoria in forma.

CAPITOLO 11: MITI DELLA LETTURA DELLA VELOCITÀ E LIVELLO DI PRATICA

La lettura della velocità consiste in diverse tecniche che consentono di leggere più rapidamente. Questo fu usato per la prima volta nella seconda guerra mondiale dalla United States Air Force per classificare aerei nemici più veloci. Il sistema è stato successivamente costruito, alla fine degli anni '50, e negli ultimi anni ha attirato diversi appassionati. L'appello è evidente. Pensaci quando hai fatto un libro molto interessante e accattivante, e mettilo giù. Non vorresti leggerli di più nello stesso periodo? E forse ne hai abbastanza e vuoi solo finire il temuto capitolo del tuo libro sull'anatomia.

La lettura della velocità promette tutto quanto sopra, oltre a molto altro. Tuttavia, in questo caso, il detto "se è troppo bello per essere vero, allora forse lo è" si adatta perfettamente. Prima di aggrapparti all'idea sperando disperatamente di abbreviare le tue sessioni di lettura, fai una pausa per un momento. Non è una buona lettura della velocità come dicono gli appassionati. La citazione di Woody Allen potrebbe essere un'esagerazione a livelli di lettura molto elevati. Puoi anche tralascio che la Russia è impegnata in "Guerra e Pace". In realtà, non potevi capire niente. La teoria della lettura della velocità e i suoi metodi saranno esplorati qui. Ti mostrerà anche modi per farti leggere rapidamente.

Mentre la lettura rapida della velocità e la lettura veloce sono abbastanza simili nei titoli, sono molto diversi nella pratica.

Mito o realtà?

La lettura della velocità è una sorta di leggenda. Prima di proseguire, sono necessari alcuni chiarimenti. Il ritmo medio di lettura di Jane o Joe è di 200-300 parole al minuto. Tuttavia, più strategie di lettura lo aumenteranno fino a 500 parole al minuto (maggiori informazioni in seguito). Anche se impressionante, a questo punto non stai accelerando la lettura; stai solo leggendo velocemente. Mentre alcuni professionisti affermano di raggiungere, la lettura della velocità avviene a velocità di

1000 parole al minuto. Leggeva il tipico libro di anatomia dalla copertina alla copertina in circa 12 ore, per metterlo in prospettiva.

È quindi difficile da capire a questo ritmo di lettura. Semplicemente, il cervello non può assimilare le informazioni a un tasso di lettura così elevato. Guardi le pagine senza alcuna idea di cosa ti dicono le parole e le frasi. Che senso ha usare un metodo di apprendimento o lettura se non si impara qualcosa da esso? Quando dopo l'uso, non riesci a cogliere qualcosa, sei praticamente al punto dito. Questo ti ha aiutato a non farlo positivamente.

Che mito?

Nel superare due ostacoli, la scienza ha demistificato la lettura della velocità: la struttura e la fisiologia dell'occhio stesso e l'elaborazione neuronale.

Limitazioni fissate dall'occhio

Il primo ostacolo alla velocità di lettura sono i tuoi due occhi fisici. In che modo la lettura della velocità è così impegnativa? Tutto si riduce al modo in cui gli occhi interpretano visivamente il testo scritto durante la lettura. Anche se potresti pensare che i tuoi occhi viaggino continuamente lungo una linea, in realtà non lo fanno. Quindi, fanno mosse rapide e molto veloci (saccades) da un punto fisso all'altro (fissazioni). Questi sono simili a un'auto che viaggia verso la sua destinazione e si ferma a tutte le luci.

I saccadi sono regolati dai campi oculari frontali nella corteccia frontale e dal collicolo superiore nel cervello medio. I saccadi si verificano perché la fovea è estremamente piccola. Questa fossa è la parte principale della retina che consente la visualizzazione ad alta risoluzione. Pertanto, per permetterti di vedere qualcosa nel modo più chiaro possibile, l'intera area deve essere separata in diversi punti e spostata tra di loro.

I segnali visivi entrano nell'occhio durante le fissazioni e raggiungono la retina. La fovea è ancora una volta il nemico anatomico della lettura della velocità. Solo una regione incredibilmente piccola di nitidezza al 100% (acuità) si vede nei momenti in cui l'occhio è impostato. La regione è strettamente associata al centro di visione e varia da quattro a cinque lettere. L'acuità diminuisce man mano che la distanza dal punto centrale sale e la fovea. Ciò significa che non è possibile distinguere correttamente le parole per leggerle e interpretarle. È come guardare attraverso lo spioncino della tua porta d'ingresso.

Limitazioni alla diagnosi neuronale

La conoscenza deve muoversi attraverso la memoria di lavoro affinché la comprensione si svolge. Questo sistema fa parte della memoria a breve termine che memorizza temporaneamente le informazioni recuperate e manipolate durante attività cognitive come l'ascolto, la lettura e la scrittura. Le informazioni devono prima essere tradotte in un codice fonologico prima di essere temporaneamente elaborate durante la lettura.

La memoria di lavoro ha una capacità bassa e limitata di rompere la verità dei tassi di lettura. Questo limite per la lettura è di cinque parole (blocchi). In sostanza, il tuo cervello potrebbe ricordare temporaneamente cinque parole, purché non lo travolga in breve tempo con dettagli extra. Sovraccarichi la tua memoria di lavoro se leggi velocemente e nulla ha senso perché dimentichi ciò che hai appena letto. Inoltre, questa abilità è completamente per mano della genetica. In altre parole, non può in alcun modo essere superato, ampliato o istruito. È in un ambiente di pietra.

E tutti gli approcci alla lettura rapida?

È molto meccanico se guardi il processo di lettura discusso sopra. Ha ancora saccades e fissazioni ad esso. Teoricamente, potresti elaborare più parole nello stesso lasso di tempo riducendo il tempo dedicato a ciascuna di queste misure. I cosiddetti lettori di velocità dicono che diverse tecniche o attività hanno portato a termine questo.

Rimozione della sotto-vocalizzazione

Probabilmente stai leggendo questo libro dicendo silenziosamente ogni parola nella tua testa. Tutto è iniziato quando hai imparato a leggere per la prima volta. Il tuo insegnante ti ha detto di leggere ad alta voce e poi, tranquillamente, più tardi. Gli esperti di lettura della velocità affermano che se smetti di "sentire" o "dire" le parole all'interno del tuo cervello, puoi ridurre il tempo speso per le fissazioni e raggiungerai le 1000 parole al minuto. Questo potrebbe essere possibile, ma è correlato a molti problemi.

All'inizio di questo libro, è stato affermato che per accedere alla memoria di lavoro, è necessaria la sotto-vocalizzazione per i dettagli. In altre parole, per capire, l'anatomia e la fisiologia ti costringono a farlo. Se lo fai franca, smetterai di sapere qualcosa, e saresti tornato al punto di 1. Inoltre, mentalmente "dicendo" ogni parola ti mantiene concentrato e vigile durante la lettura. Ciò è fondamentale, in particolare quando si tratta di anatomia come la ricerca accademica e scientifica. Invece di saperlo, guardi una sola parola, e l'intero libro diventa incomprensibile. Certamente non proprio uno spettacolo quando si tratta di neuroanatomia!

Presentazione visiva seriale rapida

Anche i sistemi digitali di lettura della velocità, come Spritz, utilizzano questo metodo. Le singole parole appaiono nella stessa posizione sul telefono, impedendo i saccades. In linea di principio, questo sembra possibile: si imposta la velocità di destinazione, ci ci si abitua, si aumenta, e improvvisamente si legge la velocità. Non troppo in fretta! Ricordi la capacità limitata della tua mente di lavorare? Puoi cancellare i saccadi e abbassare le fissazioni quanto vuoi, ma è difficile inondare la tua memoria di lavoro di parole. Non sta funzionando.

Lettura di più righe alla volta

Un altro punto sulla lettura della velocità è che, invece di uno solo, puoi prendere più linee per fissazione degli occhi. Ti ricordi la piccola scala della fovea e la sua acuità? La tua anatomia e fisiologia ti fermano ancora una volta a leggere più di una riga in una volta sola. Inoltre, non esiste una ricerca sperimentale che indichi che l'occhio umano può leggere molte righe contemporaneamente.

scrematura

I lettori di velocità dicono anche che la maggior parte delle informazioni è ridondante in una riga, un libro o un saggio. Quindi, se ti mancano quelle sezioni, colpiresti la fine più velocemente della lettura di ogni singola parola. Questo approccio consiste principalmente nell'esaminare nomi,

intestazioni, aperture di paragrafi, frasi in grassetto, diagrammi, ecc.
Avere un'immagine complessiva è una sorta di controllo. Tuttavia, ha sia
vantaggi che svantaggi.

La scrematura è importante anche per una lettura più rapida (maggiori
informazioni su questo in seguito). Ma è un passo incompleto e solo un
passo preliminare. È simile alla creazione di una mappa con tutte le città e
i villaggi, ma senza strade per mostrare come sono tutti collegati. Non si
ottiene l'intero punto di vista se si sfiora solo il testo. Forse peggio ancora,
potresti costruire la prospettiva sbagliata. Quando si tratta di conoscenze
scientifiche, compresa l'anatomia, questo è suicidio! Sussurra solo sul
fatto che il sangue sta tornando al cuore attraverso l'aorta e lo saprai!

Esercizio della lettura della velocità

Parla con un lettore di velocità e probabilmente imparerai che l'uso di
tutti i metodi di cui sopra lo ha aiutato a raggiungere un incredibile livello
di lettura. Questo è vero in realtà, ma ha una connotazione diversa. Non è
la pratica delle tecniche di lettura rapida che ti rende in grado di leggere
rapidamente. È il fatto che leggere di solito ti aiuta a imparare più
facilmente con quella fluidità. Questa non è una tecnica per la lettura
della velocità.

La fluidità è la capacità di leggere il testo con precisione, velocità ed
espressione. Collega la consapevolezza delle parole e la loro
comprensione. Riconoscimento è un termine chiave. Più libri sei esposto e
più leggi, più parole familiari senti diventano.

Invece di fermarti quando colpisci una parola come "verisimilità", se l'hai
già sentita prima, puoi saperla molto più facilmente. In altre parole,
evitando la lunga "ver-i-si-mil-i-tude", si può perdere meno tempo e
quindi leggere più velocemente. Non menzionare nemmeno le parole
frequenza di anatomia!

Come puoi leggere più rapidamente?

Speriamo, ormai, che tu sia convinto che la lettura della velocità non
possa essere fatta senza perdere comprensione. Ci sono, tuttavia, persone
che leggono più velocemente di altre. Se l'intervallo di velocità di lettura è

da 100 a 500 parole al minuto, questa velocità può essere aumentata.
Ecco come:

- Leggi molto
- Togliti le distrazioni
- Sfiora prima
- Uso di un puntatore del mouse

Ognuno dei suggerimenti di cui sopra ti aiuta ad accelerare la lettura. La magia accade però quando cerchi di combinarli tutti. Più impari, più diventi fluente e più velocemente inizi a imparare parole complicate. Rimuovi le interferenze eliminando le distrazioni che ti concentri sulla lettura stessa. Questo ti aiuta a concentrarti interamente su una singola attività e a utilizzare la tua memoria di lavoro al massimo delle sue capacità. Ottieni un'idea di cosa tratta la sezione sfiorando e cercando prima i dettagli pertinenti e sai cosa aspettarti da essa.

Questo fa a parte l'ignoto. Se usi una bussola, piuttosto che vagare, i tuoi occhi e la tua mente sono più concentrati su un unico livello. Puoi anche spostare il puntatore un po 'più velocemente ed è come se i tuoi occhi non abbiano altra scelta che seguirlo. Tuttavia, devi ricordare che è un processo lungo per aumentare il tuo livello. Non solo ti svegli una mattina con la capacità di leggere 500 parole al minuto, ma con pazienza e determinazione, è sicuramente praticabile.

Anche se non ti aiuteranno a leggere l'intero libro sull'anatomia in 12 ore, ne beneficerai. Tutti quei post di Kenhub saranno un gioco da ragazzi da superare, ora che sai leggere più velocemente. Vuoi conoscere la clavicola? Scegli un posto tranquillo libero da distrazioni, clicca qui, sfiora il libro guardando titoli, immagini e parole audaci e inizia a leggere. In una frazione del tempo, lo superarete. Hai bisogno di un'alternativa, ancora più veloce? Guarda le foto! Non c'è bisogno di leggere!

Ascoltate Shakespeare, poi, come dice lui, "Tutto ciò che luccica non è oro;/ avete sempre sentito dire: " La lettura della velocità è una sorta di sogno. Può essere un divertente trucco per le feste, ma è inutile per i reali scopi di lettura, quindi la comprensione è persa. Fortunatamente, puoi leggere più velocemente, ma la velocità di lettura stessa non è la scorciatoia che stavi probabilmente cercando per passare attraverso l'anatomia.

attrazioni

- La lettura della velocità è un mito e non buona come credono gli appassionati. Il cervello in realtà non può assimilare le informazioni a tassi di lettura eccezionalmente alti, quindi se dopo averle usato non riesci a capire qualcosa, sei praticamente al punto di vista quadrato.
- La fovea tra i tuoi due occhi è il nemico anatomico della lettura della velocità. È come guardare attraverso lo spioncino della porta d'ingresso. Anche se potresti pensare che quando stai leggendo, i tuoi occhi si muovono continuamente lungo una linea, non sono necessariamente dovuti alle piccole dimensioni della fovea. Deve dividere l'intera regione in diversi punti e passare da uno all'altro per una visione cristallina.

  Inoltre, la verità della lettura della velocità è afflitta dalla potenza bassa e limitata della memoria di lavoro, che la natura ha incastonato nella pietra. Se sovraccarichi la memoria di lavoro, non ha senso farlo.
- Anche i metodi di lettura della velocità sono un mito. La tua fisiologia e anatomia ti spingono a sotto-voce e ti impedirà di leggere diverse righe in una volta sola. La memoria di lavoro limita la rappresentazione visiva seriale rapida e la scrematura è solo una fase preliminare e incompleta.
- Aumentando la fluidità, rimuovendo le interferenze, sfiorando e usando un puntatore, puoi leggere più facilmente.

CAPITOLO 12: 5 MODI IN CUI GLI SCACCHI MIGLIORERANNO LA TUA MENTE

Vuoi prendere decisioni migliori e girare il cervello? Gioca a Scacchi, un gioco sinonimo di forza cerebrale e intelletto. Numerosi studi hanno dimostrato che ha migliorato diverse abilità mentali ed è aumentato in popolarità in tutto il mondo.

Secondo un rapporto elettorale di YouGov del 2012 approvato dalla World-Chess-Federation, il 70% degli adulti ha giocato a scacchi in una fase della loro vita, con il numero di giocatori di scacchi in tutto il mondo stimato in oltre 605 milioni. Il numero di giocatori di scacchi partecipanti negli Stati Uniti era del 15%, in Germania del 23% e in Russia del 43%.

Ben 85 milioni di scacchi giocati in India grazie al successo di Viswanathan Anand, l'ex campione del mondo di scacchi.

Alcuni dati più recenti degli organizzatori del Campionato del mondo di scacchi del 2014 dicono che 1,2 miliardi di spettatori hanno guardato la partita.

Come stai giocando a scacchi? Per essere brevi: è un gioco da tavolo giocato da due giocatori, ognuno con 16 pezzi, che usano il pensiero strategico per mettere il pezzo re dell'avversario sotto un attacco da cui non può sfuggire, chiamato "scacco matto".

Chess è un gioco antico risalente ad almeno 1500 anni fa. Probabilmente ha avuto origine in India, originato dal gioco di strategia chaturanga. Gli scacchi passarono attraverso una varietà di modi, ma gradualmente le regole furono sviluppate e nei campionati del mondo del XIX secolo iniziarono a svolgersi. Il norvegese Magnus Carlsen, che ha recentemente difeso il suo titolo contro il russo Sergey Karjakin, è il campione del mondo in carica. Campione di scacchi femminile è il cinese Hou Yifan.

Vale la pena notare che i campioni di scacchi sono anche alcune delle persone più intelligenti del mondo, con il recente campione del mondo Garry Kasparov, che ha contribuito a Big Think, avendo un QI di 190. Al contrario, la campionessa femminile Judit Polgar, che divenne Gran Maestro a 15 anni, ha un QI di 170.

Se volevi essere più convinto qui ci sono cinque motivi per cui dovresti trovare un posto nella tua vita per gli scacchi:

1. Gli scacchi migliorano le capacità di pensiero critico

Come un gioco basato sulla logica che esegue varie possibili combinazioni di mosse contemporaneamente, è progettato per attivare le funzioni cerebrali. Ci sono una varietà di studi che mostrano come gli scacchi possano aumentare i poteri del pensiero. Un modo per farlo è il riconoscimento dei modelli. Gli studi dell'ex campione del mondo Garry Kasparov hanno mostrato quanto facilmente le tendenze siano comprese da un giocatore del suo calibro.

È stato anche dimostrato che i giocatori di scacchi di successo usano entrambi i lati del cervello per prendere decisioni, coinvolgendo la porzione di elaborazione delle informazioni visive del cervello per identificare i modelli, e il lato analitico per scegliere la giusta mossa logica.

Molti studi illustrano il curioso fatto che il cervello dei giocatori d'élite è generalmente più piccolo dei non esperti, probabilmente portando a "restringimento localizzato" per massimizzare le prestazioni neurali.

2. Gli scacchi potrebbero migliorare la tua memoria

Gli scacchi sono un esercizio di richiamo ideale perché promuove il recupero di azioni per vari scopi strategici. I giocatori migliori riempiono i loro ricordi di combinazioni che possono creare. La ricerca ha rivelato come funzionano le menti dei Grandi Maestri monitorando migliaia di mosse.

3. I giocatori di scacchi godono del successo

Il sondaggio YouGov del 2012 ha anche stabilito una forte associazione tra diventare un giocatore di scacchi professionista e vari indicatori di successo e successo. I giocatori di scacchi di successo rappresentano il 78% dei laureati, il 20% delle famiglie che giocano regolarmente a scacchi oltre $ 120,000. I giocatori di scacchi hanno cinque volte più probabilità di leggere analisi e recensioni approfondite con sopracciglia alte. Ci si aspetta che siamo più ricchi, più propensi ad acquistare beni di lusso del 40%.

L'appassionato giocatore di scacchi è Peter Thiel, un venture capitalist di successo, co-fondatore di PayPal, e una figura chiave nelle elezioni presidenziali del 2016.

E tra i popolari, non è solo. Paul Allen e Bill Gates, i fondatori di Microsoft, sono noti per giocare l'un l'altro come altri titani della Silicon Valley. Le leggende della recitazione includevano i giocatori di scacchi per tutta la vita Humphrey Bogart, Lauren Bacall, Marilyn Monroe e Marlon Brando. Questo è stato il caso di John Wayne. Ed è stato Stanley Kubrick a dire il bello. Arnold Schwarzenegger, Nicholas Cage, Ray Charles, Ben Affleck, Bono, Will Smith e Howard Stern sono altre celebrità conosciute per la loro abilità scacchistica.

4. Gli scacchi renderanno i bambini più intelligenti.

Diversi studi sono stati fatti per dimostrare che giocare a scacchi (in un caso per 18 settimane) ha migliorato i QI dei bambini coinvolti. Altri studi dimostrano che gli scacchi migliorano le capacità di pensiero analitico e critico e le capacità di immaginazione dei bambini in tutte le fasi della scuola, migliorando così il loro progresso. Gli scacchi hanno anche dimostrato di migliorare l'aritmetica, la comprensione e le capacità verbali dei bambini.

5. Gli scacchi affilano il cervello che invecchia

Il gioco è stato dimostrato per aiutare gli anziani da disturbi degenerativi del cervello come il morbo di Alzheimer e la demenza.

E se stai cercando qualcosa di più divertente per unire cervello e muscoli, puoi partecipare alla chessboxing

CAPITOLO 13: 4 ALIMENTI PER MIGLIORARE LA MENTE

Ammettiamolo, e la meditazione può essere dura. Sbarazzarti di tutti i pensieri fuori luogo? Concentrati solo sul respiro? Stare fermo per 10 minuti alla volta (minimo)? Ma stiamo scoprendo sempre più che praticare la meditazione regolare ha così tanti incredibili benefici; dall'aiutarci a diventare più compassionevoli per permetterci di essere più pazienti, premurosi, felici, indulgenti e generosi. Fortunatamente, ci sono alcuni alimenti che possiamo iniziare a integrare nelle nostre diete, che possono aiutarci a raggiungere la concentrazione laser che stiamo cercando quando ci sediamo per meditare. Ecco quattro gruppi alimentari che pensiamo siano i migliori:

Cereali integrali

Inizia ad aggiungere più cereali interi (pensa, antichi) nella tua dieta se stai cercando di fare del bene della tua mente e del tuo corpo. E non stiamo pensando al pane bianco, al riso o alla pasta, ai cereali. Pasta integrale, riso integrale, pane integrale e sono opzioni migliori rispetto ai tipici tipi bianchi. Tuttavia, ancora meglio di questi sono la varietà di cereali integrali che molti ora si riferiscono come grani antichi, che includono avena tagliata in acciaio, quinoa, riso integrale, miglio, amaranto e bacche di grano, solo per citane alcuni. Qual è il valore di alcuni tipi di grano? Ci vuole più tempo per digerire e riducono il picco di zucchero nel sangue che è spesso associato a una dieta ricca di carboidrati.

Un bonus aggiunto? I grani antichi sono ricchi di vitamine del gruppo B, il che significa che lavorano per promuovere un corretto sviluppo cerebrale, ridurre lo stress e alla fine farti sentire più zen mentre pratichi la tua meditazione quotidiana.

Scopri i cinque grani antichi che puoi mangiare ora!

Acqua al limone

Non guardare oltre l'acqua al limone se stai cercando l'inizio ideale della tua giornata e una spinta nella tua pratica di meditazione. Naturalmente, i limoni sono ricchi di vitamine e minerali, in particolare la vitamina C, un antiossidante che rafforza il sistema immunitario, protegge dalle malattie cardiovascolari e aiuta a prevenire il cancro.

Allo stesso modo, i limoni aumentano la vitalità e possono aiutare a cambiare il tuo umore. come? come? Tutti i limoni e i lime sono tra i pochi alimenti che producono ioni carichi più negativi di quelli positivi, fornendo al corpo una spinta energetica man mano che raggiunge il tratto digestivo. La fragranza rilassante del limone ha proprietà esaltanti ed energizzanti dell'umore. Il suo nuovo profumo agrumato renderà il tuo umore più leggero e ti aiuterà a liberare la mente. Essendo ricchi di potassio (un minerale essenziale che agisce insieme al sodio nel cervello e nel sistema nervoso per una trasmissione elettrica fluida), i limoni aiutano anche ad alleviare la depressione, l'ansia, la fogginess e l'oblio.

I nostri consigli? Per prima cosa quando ti svegli e mediti, bevi su un bicchiere di acqua di limone prima di sederti.

Frutta e verdura intere

Sì, una delle cose migliori che puoi fare per il tuo corpo è mangiare una dieta ricca di frutta e verdura intere. Ma hai saputo che sono ugualmente potenti? Le ortaggi a radice sono riempite con tutti i tipi di vitamine e minerali, tra cui patate dolci, cavoli e carote. Tuttavia, il beta-carotene ha dimostrato di potenziare il tuo sistema immunitario in queste verdure specifiche per aiutarti a tenerti al sicuro e mantenere la mente nitida.

Sono anche pieni zetti di carboidrati, il che significa che "sono lenti da digerire e ti sentirai pieno più a lungo. Cavolfiore, spinaci, melanzane, broccoli, fragole, cavolo, lamponi, pompelmo, avocado, mirtilli e semi di melograno sono tutti quei frutti e verdure che amiamo in questo momento.

Un modo semplice per assicurarti di ottenere frutta e verdura fresca nella tua correzione quotidiana? Combina il tuo grano preferito (ci piace la quinoa o le bacche di grano) con cavoli o spinaci, avocado, semi di melograno e alcuni deliziosi broccoli arrostiti o cavolfiore per preparare una grande super insalata o ciotola per pranzo o cena. Cospargi con il tuo condimento preferito (quello a base di tahini è super fresco!) e mangia subito. Ti promettiamo che non sarai mai sulla buona strada per uno stato meravigliosamente zen!

Noci e semi

Noci e semi sono un'ottima fonte di magnesio (insieme a cereali integrali e verdure verdi) Il magnesio è uno dei minerali più abbondanti nel nostro corpo ed è essenziale per la nostra salute, ma le carenze stanno crescendo nonostante questo. Attualmente si stima che il 60% di noi non ottiene abbastanza magnesio dal cibo che consumiamo e quindi si manifesta in sintomi come ansia, aritmie cardiache, resistenza all'insulina, spasmi muscolari e disturbi del sonno. Quindi, è chiaro che consumare cibi più ricchi di magnesio può aiutare ad alleviare l'ansia e rilassare le nostre menti.

Se non sei un fan delle noci crude come mandorle, anacardi o nocciole, perché non prendere in considerazione la possibilità di spalare sul tuo toast mattutino del burro di noci equilibrato ricco di omega.

Stai cercando un modo gustoso e veloce per aggiungere altre noci alla tua dieta? Perché non provare uno dei nostri preferiti del burro di noci!

Allora, quali cose possiamo fermare prima di meditare?

A meno che tu non stia cercando di obbedire alle regole, è meglio prima di iniziare a meditare per evitare tutti i cibi "tamasici" o "rajasic". Cosa stai chiedendo? Bene, gli alimenti tamasici includono articoli come uova, aceto, funghi, frutta, pollame, pesce, ecc.

Si pensa che tali alimenti producano sentimenti impuri e ira. Gli alimenti rajasici includono aglio, cibi piccanti, cipolle, caffè, tè, bevande analcoliche e altri cibi di convenienza pesantemente trasformati con zucchero raffinato o sale pesante.

Tuttavia, se sei come noi e vuoi solo e la tua ansia e stress quotidiano un po 'e costruisci un po 'più di zen nella tua vita frenetica, il nostro miglior consiglio è quello di mangiare una dieta equilibrata piena di quanti più cibi interi possibile (leggi: non lavorati). Limita lo zucchero, gli alimenti trasformati, i vini delle bevande e la caffeina con moderazione (anche se ora sappiamo che ci sono molti benefici per la salute sia della caffeina che dell'alcol).

IL VALORE DELLA GOMMA DA MASTICARE

Quando masticano la gomma? Se un antropologo di Marte avesse mai visitato un tipico supermercato, quegli scaffali vicino alla navata di cassa che mostrano dozzine di opzioni di gomma aromatizzate li avrebbero perplessi. La versione orale di correre su un tapis roulant suona come una stupida abitudine di masticare senza deglutire. Eppure, per migliaia di anni, la gente mastica gomme da masticare, da quando gli antichi greci hanno iniziato a spuntare in bocca mucchi di resina di alberi di mastosi per addolcire il cibo. Socrate gomma masticata.

Si scopre che c'è un'ottima ragione per questa abitudine culturale di lunga data: Gum è un importante booster di produzione mentale che conferisce tutti i tipi di benefici senza effetti collaterali. L'ultimo studio di masticazione gengivale è arrivato da un team di psicologi della St. Lawrence University. L'esperimento è andato così: una serie di compiti cognitivi impegnativi è stata data a 159 studenti, come ripetere i numeri casuali all'indietro e risolvere complessi enigmi logici. Metà dei soggetti masticava la gomma (senza zucchero e aggiunta di zucchero), e l'altra metà aveva poco da dire.

Ecco dove le cose divengono peculiari: in cinque studi su sei, quelli assegnati casualmente alla condizione di masticazione gengivale hanno sostanzialmente sovraperformato quelli nelle condizioni di controllo.

(Un'eccezione è stata la fluidità verbale in cui ai partecipanti è stato chiesto di nominare quante più parole possibili da un dato gruppo, come "animali"). Il contenuto di zucchero della gomma non ha influenzato la produzione delle prove.

Sebbene studi precedenti abbiano prodotto risultati simili – la gomma da masticare è sempre un aiuto di prova migliore della caffeina – questo nuovo studio ha studiato il percorso del tempo del beneficio gengivale.

Questo si è rivelato di breve durata, poiché i chewers di gomma mostrarono solo un miglioramento delle prestazioni entro i primi 20 minuti dai test. Prima di allora, hanno risposto ai non-chewers in modo identico.

Cosa è responsabile di questa spinta mentale? E nessuno lo sa. Non sembra fare affidamento sul glucosio, perché gli stessi benefici sono stati forniti dalla gomma senza zucchero. In alternativa, i ricercatori affermano che la gomma migliora l'efficienza grazie alla "previsione indotta dalla masticazione". In altre parole, l'atto di masticare ci risveglia, il che significa che siamo completamente concentrati sul compito a portata di mano. Tale impulso è, purtroppo, temporaneo. La conclusione di questa ricerca è semplice: quando fai un esame, risparmia la gomma per la parte più dura o quando senti la tua concentrazione flagging per determinate domande. La gomma ti aiuterà a concentrarti, ma il sollievo non dura a lungo.

Il nuovo articolo si aggiunge ulteriormente all'impressionante corpus della letteratura psicologica sulle gengive. Gli scienziati dell'Università di Coventry il mese scorso hanno notato che le persone che masticano gomma di menta hanno sperimentato un drastico calo dei sentimenti assonni. Una volta testati con il Pupillographic Sleepiness Test (PST), che utilizza le oscillazioni degli alunni come misura della stanchezza, i partecipanti spesso apparivano meno assonni. Otteniamo vigilanza e concentrazione quando mastichiamo gomma ma senza i jitter.

E poi c'è quel documento, di un ricercatore dell'Università di Cardiff. 133 Esperimenti cognitivi sono stati eseguiti con e senza la gomma da masticare. (Sono stati anche dati casualmente tipi di gomma, dotati di una varietà di frutta e mentine.) Circa la metà dei volontari è stata esaminata durante l'ascolto del rumore strillante - questa era una situazione dolorosa - mentre gli altri volontari hanno fatto il test in un ambiente tranquillo. I volontari hanno valutato il loro umore dopo ogni sessione di test e sono stati sottoposti a una varietà di test fisiologici, tra cui frequenza cardiaca e livelli di cortisolo nel salivare. (Il cortisolo è un ormone dello stress, ma è anche un buon indicatore di avvertimento.)

I chewers gengivali, con frequenza cardiaca elevata e livelli di cortisolo, erano più attenti dei non-chewers come previsto. Abbiamo anche avuto tempi di reazione molto più rapidi, in particolare su test più impegnativi. Sembravamo ancora di buon umore.

Data l'inquietante forza gengivale, sembra un po ' stupido che in classe, non lo permettiamo. (Se una pillola avesse gli stessi effetti, la faremmo tutti.) Naturalmente, la gomma è disgustoso e sgradevole fino a quando non diventa rifiuti. Tuttavia, tende anche ad essere un grande stimolante, aiutandoci a godere dell'attenta spinta del mangiare senza deglutire o ingerire calorie. (Inoltre, nuovo respiro!) Una recente recensione della letteratura sulla masticazione gengivale riassume la scienza: "La gomma tende ad essere un prodotto funzionale senza prodotto".

Ridurre il dolore e l'ansia

Ti sentiresti mai meglio a morderti le unghie quando sei nervoso e a scuotere le gambe? Ok, la stessa idea vale qui; rosicchiare qualche gomma agisce come una grande sostituzione per i comportamenti nervosi istintivamente. Ma non prenderci la parola per questo: i partecipanti che hanno masticato gomma per 14 giorni due volte al giorno hanno valutato la loro ansia sostanzialmente meno dei non-chewers in uno studio del 2011, mostrando stati d'animo più alti e tassi più bassi di affaticamento.

Scientificamente parlando, è stato dimostrato che la masticazione gengivale può ridurre drasticamente l'ormone dello stress cortisolo e, per la maggior parte delle persone, il semplice atto di masticazione è lenitivo. Ora questo è solo qualcosa da tifare - o masticare! Scopri questi altri modi alternativi per alleviare l'ansia.

Aiuta a ridurre il peso

Quando sei sbattuto con un caso di munchies di mezzogiorno, potrebbe essere utile per il tuo regime di perdita di peso mettere un po 'di gomma sopra il sacchetto di patatine. Questo non solo riduce il conteggio delle calorie, ma nel tempo la gomma può iniziare a servire come un "segnale" che non è più necessario mangiare. Questo essenzialmente frena le voglie e a ridurre l'assunzione. Studi sulla salute suggeriscono che il più grande guadagno proviene da coloro che raggiungono un bastone di gomma, piuttosto che snack tra i pasti.

Il rosicchiare senza senso ha dimostrato di aiutare a ridurre l'appetito; uno studio della Rhode Island University ha dimostrato che all'ora di pranzo, le persone che masticavano gomma finivano per mangiare il 67% in meno di calorie rispetto alle masticazioni non gengivali.

CAPITOLO 14: ESERCIZIO AEROBICO PER IL CERVELLO

L'esercizio aerobico riduce il rischio di molte malattie, dalle malattie cardiache alla demenza. Mentre ci sono alcuni benefici per tutti i tipi di attività fisica, l'esercizio aerobico è particolarmente utile in quanto consente al cuore e ai polmoni di funzionare più duramente del normale.

Le raccomandazioni nazionali sull'attività fisica suggeriscono un esercizio aerobico di almeno 150 minuti a settimana.

Alcuni esempi di aerobica includono:

- corsa
- ciclismo
- camminare
- nuoto
- Lezioni di aerobica

Ci indirizziamo alcuni dei benefici che l'esercizio aerobico fornisce al corpo e al cervello in questo libro.

Benefici per il corpo

L'attività aerobica aiuta il corpo in tutti i modi. comprendente:

1. Prevenire gli infarti

L'attività aerobica è importante per salvaguardare il cuore sano, i polmoni e i vasi sanguigni. L'esercizio aerobico regolare può aiutare a prevenire le malattie cardiache e ridurre il rischio di morte dalla condizione.

2. Mantenere un peso sano

Condividere l'esercizio su Pinterest Aerobic aiuterà a prevenire le malattie cardiache e regolare i livelli di zucchero nel sangue.

Coloro che vogliono perdere peso dovranno assicurarsi di mangiare più calorie di quelle che consumano, portando a un deficit calorico.

L'esercizio aerobico consente al corpo di utilizzare energia per bruciare calorie. È un ottimo modo per spingere il corpo in un deficit calorico che si traduce in perdita di peso. Ma la maggior parte delle persone avrebbe comunque bisogno di ridurre il numero di calorie che mangiano per soddisfare un deficit calorico.

3. Controllo dei livelli di zucchero nel sangue

È necessario tenere sotto controllo i livelli di zucchero nel sangue per ridurre il rischio di diabete di tipo 2. Mantenere i livelli di zucchero nel sangue entro un intervallo sicuro è importante per le persone con diabete. L'alto contenuto di zucchero nel sangue può danneggiare i vasi sanguigni e causare malattie cardiache.

L'insulina è necessaria per controllare lo zucchero nel sangue. L'attività aerobica può aumentare la sensibilità all'insulina, il che significa che il corpo richiede meno insulina per regolare i livelli di zucchero nel sangue.

I muscoli traggono anche glucosio dal sangue durante l'esercizio fisico. L'esercizio fisico, quindi, aiuta a evitare che i livelli troppo elevati di zucchero nel sangue aumentano.

4. Riduce la pressione sanguigna

L'ipertensione pone stress sul cuore e sui vasi sanguigni. Questo può avere effetti significativi nel tempo, come la probabilità di infarto o ictus.

L'esercizio aerobico può aiutare a mantenere una buona pressione sanguigna. Uno studio di 391 studi sul British Journal of Sports Medicine ha scoperto che l'esercizio fisico è efficace nell'abbassare la pressione alta come i farmaci per la pressione sanguigna.

5. Prevenire e controllare la corsa

Un ictus si verifica quando il flusso sanguigno verso una regione cerebrale è intasato. Può avere gravi conseguenze, anche in pericolo di vita. Mantenendo al sicuro i vasi sanguigni e il cuore, l'esercizio aerobico di routine riduce il rischio di ictus.

È anche fondamentale rimanere il più coinvolti possibile per le persone che hanno avuto un ictus per aiutare la riabilitazione e la possibilità di un altro ictus. Un medico può consigliare un individuo su come costruire al meglio la forza dopo un ictus e ricominciare ad allenarsi.

6. Maggiore durata della vita

L'attività aerobica ha una così ampia varietà di benefici per il benessere che aiuta le persone a vivere più a lungo. Livelli più elevati di attività aerobica, indipendentemente dalla durata dell'esercizio fisico, aumentando il rischio di morte.

7. Migliorare l'attività fisica

La capacità di svolgere compiti di vita quotidiana è vitale per il mantenimento dell'indipendenza e della salute. L'esercizio aerobico rafforza le capacità fisiche di cui una persona ha bisogno per lavorare quotidianamente. L'esercizio fisico aiuta anche a evitare incidenti e lesioni che si verificano.

Buono per il cervello

Il cervello beneficia anche dell'esercizio aerobico nei seguenti modi:

1. Ridurre le minacce alla demenza

L'esercizio aerobico regolare, la causa più comune di demenza, è uno dei modi più efficaci per evitare il morbo di Alzheimer.

Le prove hanno dimostrato che la probabilità di deficit cognitivo e demenza è inferiore per gli individui con tassi più elevati di attività fisica.

2. Aiuta con i sintomi della depressione e l'ansia

Diversi studi clinici hanno dimostrato che l'attività aerobica nelle persone con depressione e disturbi d'ansia diminuisce i sintomi. L'esercizio aerobico aumenta anche la salute fisica e può aiutare a prevenire l'insorgere di depressione e disturbi d'ansia.

3. Migliorare le prestazioni cognitive

Sebbene l'esercizio aerobico possa ritardare il deterioramento cognitivo nella vita successiva, può anche migliorare i processi di pensiero dei bambini e degli adolescenti.

Diversi studi hanno trovato prove che indicano che l'attività aerobica e la salute fisica hanno legami con migliori voti scolastici e migliori prestazioni cognitive del compito, come i test della memoria.

4. Migliorare il benessere mentale

L'esercizio aerobico è responsabile di molti processi biologici che aiutano la funzione cerebrale. Un recente articolo di revisione autori ha concluso che l'esercizio aerobico potrebbe:

- Migliora le dimensioni e la funzione delle principali regioni cerebrali come l'ippocampo
- Aiuta le reazioni di regolazione cerebrale allo stress
- Riduce l'infiammazione
- Aumento della resistenza allo stress ossidativo

È probabile che questi miglioramenti portino ai benefici per la salute mentale e la memoria dell'esercizio fisico.

CAPITOLO 15: LA PRATICA RENDE PERFETTI

MEMORIA MUSCOLARE E "ALLENAMENTO CEREBRALE"

Certamente, la ripetizione e la pratica sono cruciali per le prestazioni e, in ultima analisi, per il progresso quando si impara a suonare uno strumento o eseguire una particolare posa nella lezione di yoga. Gli atleti allenano i muscoli per richiamare mosse specifiche in modo che possano esibirsi a velocità estremamente elevate mentre si esibiscono senza mai pensare alla meccanica. Allo stesso modo, anche sotto lo stress di suonare alla Carnegie Hall, un pianista da concerto o un violinista può dirigere le mani insieme alla tastiera o alle corde.

Un recente articolo di Doug Lemov sul Wall Street Journal ha affrontato l'efficacia dei comportamenti di prova tipicamente condotti in un dato lavoro per liberare il cervello per altri compiti più complessi. Come suggerisce l'autore, negli affari, nella medicina e in altre carriere tecnicamente impegnative, ci sono opportunità illimitate per questa forma di "formazione del cervello".

L'adagio di "vederne uno, fare uno, insegnarne uno" in medicina è diventato lo standard per educare giovani studenti di medicina e fisici.

All'interno del nostro programma attuale, molte abilità pratiche sono state acquisite attraverso gli anni di preparazione. Esercitare un compito fino a quando non è quasi automatico, come spiega Il signor Lemov nel suo post sul WSJ, ci aiuta a impegnare più del nostro cervello in altri compiti più complessi. La pratica delle competenze non solo ci consente di sviluppare un movimento specifico, ma anche, cosa più importante, ci consente di rispondere facilmente, con calma e automaticamente a una situazione particolare. Nella pratica medica, questa può essere una proposta salvavita, in particolare in caso di emergenza. Penso che in medicina, per applicare questi concetti in modo più approfondito, dovremmo rafforzare l'adagio e adattarlo a "vedere uno, fare gli altri, insegnare agli altri".

Un recente articolo del New York Times ha identificato strategie di "brain training" che vengono commercializzate ai bambini dagli 11 ai 21 anni. Come il tutoraggio convenzionale, questi corsi si concentrano sulle esercitazioni cerebrali di fronte agli ostacoli, come il recupero dei numeri, la memorizzazione delle sequenze e le attività di gestione visiva. L'"allenamento cerebrale" ha lo scopo di aiutare gli studenti a concentrarsi su compiti mentali complessi di fronte ai principali stimoli uditivi e visivi, simili a svolgere attività meccaniche ripetitive prima che siano secondi.

L'idea alla base del meccanismo è che possiamo affinare e illuminare le abilità del cervello facendo esercizi mentali , simili a come un golfista professionista raffinerà il suo swing da golf.

Concludo che l'educazione medica può benissimo trarre vantaggio dall'integrazione di queste forme di sessioni di pratica meccanica e cognitiva nella preparazione del medico. Oggi, i centri medici stanno iniziando a utilizzare i simulatori per addestrare i membri dell'intervento chirurgico a eseguire le procedure. I medici in allenamento continueranno con l'uso di simulatori per migliorare la memoria muscolare , quindi si trasferiranno per assistere ed eseguire procedure chirurgiche effettive per perfezionare le loro abilità.

I simulatori non sostituiscono l'esperienza acquisita in sala operatoria, ma possono migliorare la protezione ed esporre i tirocinanti a ulteriori opportunità di apprendimento. Inoltre, le interazioni tra medico e paziente possono essere replicate ed eseguite utilizzando attori come pazienti.

Molte scuole di medicina usano anche pazienti virtuali per testare le capacità di interazione dei pazienti. Ho beneficiato enormemente di lavorare con pazienti virtuali nei miei studi di medicina alla Wake Forest University. Non solo ho imparato a condurre una storia e un esame fisico, ma mi è stato anche fornito un input diretto dal paziente – Ho imparato l'importanza di fare contatto visivo, comunicare empatia e formare un legame con il paziente in un breve incontro con la sala d'esame.

Con un'attenzione molto maggiore alla "pratica" di tali scenari interpersonali, i medici in formazione sarebbero meglio preparati ad affrontare circostanze difficili come fornire cattive notizie, sconvolgere le famiglie o altri incontri impegnativi con i pazienti. Forse in modo significativo, incorporando "lavoro" sia fisico che emotivo, in circostanze e condizioni molto stressanti come la suite traumatizzazione nel pronto soccorso o in sala operatoria, possiamo operare a livelli estremamente elevati.

La pratica rende lo sport, la musica e la medicina semplicemente bene. Quando la medicina diventa più complicata e vengono rese disponibili nuove tecnologie, i medici devono essere in grado di diventare professionali ed essere in grado di trattare i pazienti sotto pressione. Inoltre, la relazione tra medico e paziente è cruciale per le prestazioni. I medici devono lavorare continuamente per migliorare la nostra capacità di comunicare con i pazienti. Anche se la pratica non sempre ci renderà buoni, ci rende medici migliori e alla fine aiuta a migliorare i risultati dei pazienti.

COMPRENDERE LA VOLONTÀ DI APPRENDERE

Qual è la volontà di imparare?

Riflette l'appetito umano, acconsentendo con gioia, o la volontà di imparare cose nuove e meglio te stesso.

Il desiderio di imparare nel campo dell'attività significa che sei una persona che vuole essere più ben informata e che vuole essere aggiornata con cambiamenti e sviluppi nella tua area professionale. Hai la spinta e l'entusiasmo per sviluppare le tue abilità e competenze.

L'apprendimento della disponibilità è una delle competenze più importanti oggi necessarie alle imprese.

Mettere su un curriculum è tra le competenze più importanti. E, se sei una persona in cerca di modi per migliorare te stesso, non esitare a menzionarlo durante il colloquio di lavoro.

L'istruzione è un processo di lunga durata e l'esperienza che non hai mai sufficiente. C'è ancora qualcosa da imparare. Il desiderio di imparare è una delle migliori caratteristiche che una persona potrebbe possedere.

Possedere la capacità di sapere ha un gran numero di vantaggi. Ecco il loro più significativo:

L'importanza dell'istruzione:

- Ti dà un potere fantasioso.
- Più cose sai, più nuovi pensieri ti vengono in mente. La volontà di inventare richiede un desiderio molto dotto.
- Apri le porte al successo della carriera e alla crescita del business.
- Se sei bloccato con le cose vecchie, non c'è modo di avere successo.
- Aiuta ad affrontare circostanze impreviste.

Una delle qualità più critiche di cui hai bisogno per affrontare le sfide in modo efficace è ottenere motivazione e volontà di imparare. Questo ti aiuterà a scoprire come risolvere i problemi.

- Aiuta l'aumento della fiducia in se stessi.
- Fornisce più opzioni per te.

Come renderti più propenso ad apprendere le abilità

C'è bisogno di imparare costantemente a causa della natura in continua evoluzione del mercato per eccellere nella tua carriera.

Tutti devono essere pronti a saperlo. Eppure è un must per uomini d'affari, dirigenti e leader!

Hai uno spirito e una volontà di imparare? Vuoi solo conoscere qualcuno?

Vediamo quali sono i migliori consigli per aumentare la tua capacità di imparare le abilità:

- Nota che la capacità di sapere è sempre la strada per realizzare i tuoi sogni. Fallo ogni singolo giorno da solo. Se vuoi essere competitivo, devi essere aggiornato!

- Incontra persone ispirate da esso. È molto importante circondarsi di persone altamente intelligenti e ben istruite per poter imparare da loro. Tutti noi sappiamo che qualcuno che ha una buona carriera e il desiderio di imparare lo guida.

- Sii aperto alla consulenza! Controlla e chiedi le opinioni di altre persone, che sono ben informata nel campo che vuoi creare. Segui le loro opinioni da vicino. C'è molto da sapere da persone altamente istruite e ben informata.

- Scrivi storie su coloro che eccellono. C'è molto che puoi sapere dalla loro pratica. Sentire parlare di qualcuno che è nato povero ma che ha continuato a fare meraviglie è così ispirato.

- Non aver paura di lottare. Sa' da quel posto. Molte persone imparano molto, poi lottano, poi si spaventano e poi smettono di imparare. È un errore! All'inizio o dopo, tutti noi finiamo con delusione. Trova la perdita come mezzo per scoprire altre cose nuove. Rendere la perdita un incoraggiamento ad eccellere e non una scusa per arrendersi.

- Scopri quali sono le tue carenze e carenze nella zona che stai cercando di crescere. Quando le persone sanno quali sono i buchi, vogliono riempirli! Elenca tutte le tue carenze e trova modi per superarle.

Devi essere in grado di correre rischi di vincere!

Dove mostrare il desiderio di imparare?

Devi essere pronto a dimostrare una chiara volontà di apprendere le competenze mentre stai andando a un colloquio di lavoro e facendo domanda per una posizione lavorativa in cui la capacità di imparare è tra le competenze più preziose.

Quando puoi farlo? Ecco alcuni suggerimenti utili che potresti usare durante il colloquio:

Come far rivelare il tuo desiderio di imparare. alludere

- Utilizzare frasi e frasi corrette. Esempi: "Sono interessato a saperne di più sulla ricerca di marketing e sugli strumenti necessari per farlo", "Sono sempre stato interessato ai problemi di analisi aziendale e voglio sviluppare la mia esperienza e competenza in questo settore con lavoro in questo settore".

- Anticipazione della mostra. Di' quelle frasi con un sorriso e un'eccitazione! Inoltre, cerca di incorporare il tuo atteggiamento durante l'intervista!
- Chiedete la formazione continua. Se ti manca l'esperienza in un campo specifico o se la tua carriera è all'inizio, dimostra interesse a migliorare le tue abilità e competenze.

Chiedete informazioni sulla formazione continua e sulla crescita. Dimostra il desiderio di sapere.

Le persone che assumono per un lavoro sono alla ricerca di studenti veloci in grado di adattarsi rapidamente alla cultura e alle esigenze dell'azienda, quindi trova sempre modi per chattare su come vuoi imparare.

Al giorno d'oggi, l'istruzione formale e le qualifiche sono estremamente necessarie. Ma non bastano! Ci sono anche più modi per espandere la tua esperienza e sviluppare le competenze di cui la tua professione o azienda ha bisogno!

Hai solo bisogno del viaggio per saperlo! Può ottimizzare il tuo potenziale; può portare a risultati inconcepibili.

CAPITOLO 16: MANIPOLAZIONE MENTALE

La manipolazione mentale è una sorta di impatto sociale che intende cambiare la condotta o la visione degli altri attraverso tattiche ingannevoli, indirette o subdole. Spingendo gli interessi del manipolatore, spesso a scapito di un altro, tali strategie potrebbero essere viste come subdole e sfruttatori.

L'impatto sociale non è davvero negativo. Ad esempio, individui, come la famiglia, gli amici, i medici possono cercare di persuadere a cambiare chiaramente propensioni e pratiche inutili. L'impatto sociale è comunemente visto come innocuo quando si considera il privilegio degli interessati di riconoscerlo o rifiutarlo e non è eccessivamente coercitivo. In base al contesto e alle motivazioni, l'impatto sociale può costituire una manipolazione subdola.

Siamo tutti vulnerabili all'essere manipolati nelle relazioni, sia tra amici, partner romantici, genitori, datori di lavoro, figli, vicini o colleghi. Quando permettiamo a qualcun altro di manipolarci, stiamo collusi con la loro voglia di controllare le nostre emozioni, intenzioni e persino i nostri pensieri attraverso mezzi difficili, sfruttatori e ingiusti. Una relazione manipolatrice è irregolare e disuguale, spingendo gli obiettivi del manipolatore a scapito dell'individuo manipolato. Queste relazioni si addolorato dopo qualche tempo. Nel caso in cui sia necessario modificare questo tipo di relazione, è necessario percepire inizialmente le caratteristiche della manipolazione e successivamente cercare all'interno per comprendere il contributo alla manipolazione. Esistono approcci praticabili per affrontare la manipolazione e riportare l'equilibrio nella relazione.

La manipolazione non è la stessa cosa dell'influenza. Tutti usiamo l'influenza con gli altri per spingere i nostri obiettivi, e questo è uno dei segni di un sano funzionamento sociale. L'influenza percepisce i diritti e i limiti degli altri e dipende da una corrispondenza immediata e legittima. L'influenza è un modo che abbiamo di lavorare con successo nel mondo. L'influenza percepisce la rispettabilità dell'altro individuo, incluso il privilegio di non obbligare il tentato persuasione. La manipolazione, quindi ancora una volta, si basa su agende convertite e uno sforzo per costringere qualcun altro ad arrendersi. Nonostante il fatto che possa dare l'idea che il manipolatore sia in controllo e forte, normalmente c'è fragilità sotto la facciata. La propensione a sfruttare gli altri e a ignorare i loro privilegi è un'indicazione di un funzionamento malsano della personalità. A dire il vero, gli individui che manipolano gli altri sperimentano problemi nel mantenere grandi connessioni relazionali.

Gli individui che manipolano gli altri sono bravi a individuare gli individui da controllare. Nel caso in cui si sentano incapaci di manipolare qualcuno, di solito si arrendono e procedono verso un'altra persona che è destinata ad essere aperta al tentativo di manipolazione. Quando percepisci le caratteristiche della manipolazione, la fase successiva nella modifica della circostanza è trovare il tuo contributo al problema. (Questa affermazione può sembrare un po ' difficile da riconoscere. Dopotutto, è il manipolatore che ha il problema, si può affermare. In ogni caso, capire che la manipolazione non può accadere nel vuoto. Come è valido per qualsiasi relazione, ci vogliono due individui.) Puoi venire a comprendere il tuo impegno per la circostanza manipolatrice e successivamente trovare un modo per affrontarla.

COME INDIVIDUARE LA MANIPOLAZIONE

Dobbiamo tutti soddisfare i nostri requisiti, ma i manipolatori utilizzano strategie subdole. La manipolazione è un approccio per avere un impatto segreto su qualcuno con strategie ingannevoli, indirette o abusive. La manipolazione può sembrare generosa o persino lusinghiera o amichevole, come se l'individuo abbia la tua preoccupazione più elevata come priorità principale, tuttavia, in realtà, è per realizzare un secondo motivo. Altre volte, è velata ostilità, e quando vengono utilizzate tecniche difficili, l'obiettivo è semplicemente il potere. Potresti non capire cosa stai intimidendo inconsciamente.

Se sei cresciuto manipolato, è più difficile riconoscere cosa sta succedendo, dal momento che sembra familiare. Potresti avere una premonizione di angoscia o indignazione, tuttavia, il manipolatore può utilizzare parole affascinanti, piacevoli, ingrazianti, sensate o che giocano sulla tua simpatia e colpa, in modo da sosedere i tuoi impulsi e non sai cosa dire. I codependents hanno difficoltà ad essere diretti ed enfatici e possono utilizzare la manipolazione per ottenere la loro strada. Allo stesso modo sono facili prede per essere manipolati da personalità borderline, sociopatici, narcisisti e altri codependenti, inclusi i tossicodipendenti.

TECNICHE DI MANIPOLAZIONE

Abbiamo imparato l'atto di manipolazione sin dai tempi in cui eravamo bambini. Quando un bambino piange quando sua madre si prende cura di lei è un metodo di manipolazione per ottenere la loro strada. La manipolazione è al centro di ogni essere umano. Con l'enorme conoscenza che abbiamo raccolto fino ad oggi e con l'innovazione in continua evoluzione che rende l'informazione semplice da raggiungere, imparare la capacità di persuadere e convincere gli altri è appena a portata di mano.

Le tecniche di manipolazione in questi giorni si rivelano utili con l'ascesa di Internet. Numerose persone possono indagare ed esaminare le valutazioni e l'esperienza degli individui in tutto il mondo. Imparare una tecnica manipolatrice espande il tuo io generale. Le capacità comunicative e di conoscenza che sono un significativo fissaggio nella nostra associazione e relazione umana possono portare successo a una persona. Per gli individui che affermano di conoscere l'abilità, ma in genere non hanno l'idea più folle di come attualizzarla, inizierà ovviamente inefficace. In questo modo, conoscere le basi di ciò che può creare o rompere la tua strategia è una tecnica significativa per cominciare.

Numerose tecniche vengono utilizzate per quanto riguarda la manipolazione. Un paio di acrobazie sporche vengono utilizzate dagli individui per manipolare gli altri. Anche se in cambio, allo stesso modo si imbattevano nella difficoltà di ottenere lo stesso karma che praticano di proposito.

Esistono un paio di tecniche di manipolazione che non includono gesti ingannevoli o sottiglie. Le tecniche di manipolazione sono generalmente utilizzate per superare la tecnica altrui, ma utilizzando gli obiettivi e le regole di una concorrenza ragionevole. Nel mondo degli affari, dobbiamo pensare ai nostri rivali fornendo interesse ai nostri clienti e rispondendo alle esigenze dei nostri clienti. Possiamo stare al passo con la nostra concorrenza personale muovendoci per ottenere di più e ottenendo il sostegno di cui abbiamo bisogno in relazione alla crescita personale.

Dovremmo sapere che la manipolazione comporta la comunicazione mentale poiché possiamo persuadere e convincere un individuo quando leggiamo la loro mente.

In un ordine di beccatura naturale non agire proprio come predatori siamo anche prede per altre persone, in questo modo, dobbiamo renderci conto che "Non tutti i fatti sono veramente validi". In generale, gli individui avranno fiducia nelle cose, indipendentemente dal fatto che siano semplicemente fatti credere che sia valido. Quando un rappresentante di vendita vende il proprio prodotto, ti farebbe credere che sia prezioso. Dobbiamo capire che stanno solo utilizzando strategie di manipolazione per ingrci sulla loro strada.

Dobbiamo anche capire che "Essere perfetti è un'impossibilità". Tutti vogliono essere perfetti e cambierebbe effettivamente tali imperfezioni. A volte, possiamo aggiornare o migliorare qualcosa, ma queste sfide non sono ancora state fatte in modo consumato. Una crema illuminante in genere non ti dà la pelle bianca ideale che devi realizzare se non hai davvero una carnagione bianca. Le strategie di manipolazione possono funzionare più a lungo quando dipendono dal mondo reale.

CAPITOLO 17: PROGRAMMAZIONE NEURO-LINGUISTICA

La programmazione neuro-linguistica (NLP) è un approccio psicologico che prevede la valutazione e l'applicazione di tecniche di persone efficaci per raggiungere un obiettivo personale.

I sostenitori della PNL ritengono che tutti gli atti umani siano ottimistici. Se una strategia fallisce o si verifica l'imprevisto, l'esperienza non è né positiva né malvagia; offre semplicemente conoscenze più preziose.

NEURO: Il nostro sistema nervoso, vale a dire, come viene visto l'ambiente. Può anche essere interpretato come i nostri cinque sensi (mentale, fisico ed emotivo) o mente, corpo e anima.

LINGUISTICA: La nostra lingua, cioè il modo in cui comunichiamo con gli altri e parliamo a noi stessi.

PROGRAMMAZIONE: I risultati delle nostre percezioni e azioni e l'importanza che attribuiamo loro.

Ad esempio, ero preoccupato di sorridere troppo quando ho iniziato la mia carriera professionale: "Se sorrido, le persone non pensero di essere professionale". Questa programmazione degli effetti causa è cambiata. "Con una nuova convinzione, ho ricablato il mio cervello: ora penso:" Se sorrido, la gente penserebbe che sono più aperto e smettere di essere visto come potenzialmente freddo.

In conclusione, abbiamo tutti mappe speciali del globo. È la nostra programmazione qui. Ad esempio, ho appena fornito, questa programmazione può essere riconosciuta e modificata.

COME FUNZIONA LA PROGRAMMAZIONE NEURO-LINGUISTICA

Gli elementi principali della programmazione neuro-linguistica sono la modellazione, l'azione e la comunicazione efficiente. La convinzione è che se una persona può capire come un'altra persona raggiunge un compito, il processo può essere copiato e trasmesso ad altri per raggiungere l'attività.

I sostenitori della programmazione neuro-linguistica suggeriscono che tutti hanno una mappa della realtà personale. Coloro che praticano la PNL esaminano i propri punti di vista e altri punti di vista per creare un'analisi completa di un caso. Il consumatore di PNL apprende informazioni conoscendo una varietà di punti di vista. I sostenitori di questa scuola di pensiero sostengono che i sensi sono vitali per elaborare le conoscenze disponibili e che il corpo e la mente si influenzano a vicenda. La programmazione neuro-linguistica è un approccio all'esperienza. Pertanto, se una persona desidera comprendere un'azione, deve eseguire la stessa azione per beneficiare dell'esperienza.

Gli operatori della PNL concordano sul fatto che l'apprendimento, la comunicazione e il cambiamento hanno gerarchie naturali. I sei gradi di transizione razionali sono:

Scopo e spiritualità: Questo può essere impegno, come la fede, l'etica o un altro metodo, in qualcosa di più grande di te stesso. Questo è il più alto grado di modifica. Identità: l'identità è la persona che ti consideri e include i tuoi doveri e i ruoli che sditi nella vita.

Credenze e valori: Questi sono il tuo sistema unico di credenze e i problemi che contano per te.

Capacità e abilità: questi sono i tuoi talenti e ciò che può essere raggiunto.

Comportamenti: i comportamenti sono i singoli atti che fai.

Ambiente: Il tuo mondo e qualsiasi altra persone intorno a te, è il tuo background o ambientazione. Il più basso grado di transizione è questo.

Ogni livello logico mira ad organizzare le informazioni sottostanti e a guidarlo. Di conseguenza, una modifica a un livello inferiore può causare cambiamenti a un livello superiore. Tuttavia, secondo la teoria della PNL, effettuare uno spostamento ad un livello superiore comporterebbe anche aggiustamenti ai livelli inferiori.

PROGRAMMAZIONE NEURO-LINGUISTICA IN TERAPIA

L'espressione "La mappa non è la terra", può riassumere il principio centrale di NLP poiché illustra le discrepanze tra credenza e fatto. Sottolinea che ogni persona lavora da una posizione di obiettività piuttosto che dal suo punto di vista. I sostenitori della PNL sostengono che la visione del mondo di tutti è distorta, vincolata e speciale. Pertanto, un terapista che esegue la PNL deve considerare come una persona in recupero percepisce la propria "mappa" e l'impatto che questa interpretazione può avere sui pensieri e sulle azioni di quella persona.

La mappa del mondo di una persona è creata dalla conoscenza ottenuta attraverso i sensi. Queste possono essere informazioni uditive, visive, olfattive, gustative o cinestetiche. In termini di coerenza e valore, gli operatori della PNL concordano sul fatto che queste conoscenze variano individualmente e che ogni persona utilizza un sistema rappresentativo primario (PRS) per elaborare le esperienze. Affinché un terapista NLP interagisca con successo con una persona in cura, il terapeuta deve cercare di utilizzare la propria mappa per adattarsi alle PUBBLICHE RELAZIONI di quella persona. I praticanti della PNL pensano che sia possibile utilizzare segni, come i movimenti oculari, per raggiungere strutture rappresentative.

Per comprendere il loro pensiero e i loro modelli comportamentali, lo stato emotivo e gli obiettivi, i terapisti NLP lavorano con gli individui. Il terapeuta li aiuterà a identificare e migliorare le abilità che li supportano meglio e a creare nuovi metodi per sostituire quelli improduttivi analizzando la mappa di una persona. Questo metodo aiuterà le persone a raggiungere gli obiettivi di recupero in terapia.

I sostenitori della PNL affermano che la strategia produce risultati rapidi e duraturi e aumenta la comprensione cognitiva e comportamentale del modello. NLP mira anche a creare una migliore connettività tra processi mentali coscienti e inconsci per aiutare le persone a migliorare la loro immaginazione e le capacità di risoluzione dei problemi. I sostenitori della PNL contrastano l'approccio alla terapia cognitivo comportamentale (CBT), ma i risultati positivi possono essere raggiunti con la PNL in meno tempo.

La programmazione neuro-linguistica è stata utilizzata fin dal suo sviluppo per trattare un'ampia varietà di problemi.

Questi includono:

- Ansia, panico e fobie
- Questioni di comunicazione
- Iperattività da deficit di attenzione
- depressione
- Stress postraumatico
- schizofrenia
- Ossessioni e costrizioni
- Dipendenza Personalità borderline
- dipendenza

IMPIEGHI DELLA PNL

PNL nella tua vita personale

Conoscere le origini delle emozioni, dei sentimenti e dei comportamenti e come

- Realizzare i tuoi obiettivi
- Motivati e rimani motivato.
- Identifica risultati chiari in tutte le aree della tua vita.
- Ottieni il controllo della tua vita.
- Rilascia emozioni e comportamenti indesiderati del passato
- Elimina le convinzioni e le decisioni limitanti.
- Allinea i tuoi valori in denaro, carriera, salute, relazioni e famiglia per un maggiore successo.

È possibile utilizzare NLP per creare relazioni armoniose e appaganti!

- Creare relazioni ideali

- Migliora la qualità del tuo matrimonio.
- Attira la persona giusta per te.
- Elimina lo stress
- Crea un rapporto istantaneo con gli altri.

Crea profondi miglioramenti nella tua salute e nel tuo benessere!

- Crea l'immagine di sé desiderata.
- Modella salute e guarigione.
- Accedere agli stati di guarigione.
- Crea e mantieni il tuo peso ideale
- Elimina ansie e fobie.

PNL nella tua azienda

- Fissare obiettivi e raggiungerli
- Stabilire la fiducia
- Motivati a rimanere motivato.
- Chiarisci i tuoi sogni futuri e riconosci gli ostacoli che possono trattenerti.
- Raggiungi le tue priorità
- Aumenta l'ispirazione
- Abitudini indesiderate di turno
- Influenzateli e rassicurateli.
- Allinea i tuoi valori per un maggiore successo con ricchezza, lavoro, salute, relazioni e famiglia.

Influenza e convince le comunicazioni aziendali

- Aumenta le entrate
- Reclutare i migliori candidati dell'azienda.
- Sviluppare buone relazioni con clienti, fornitori e fornitori.
- Contatto interculturale e interculturale con facilità e chiarezza.

- Aumentare l'efficienza nei negoziati
- Crea un servizio clienti di livello mondiale

124

Gestione / Coaching

- Analizza e apprezza facilmente lo stile di comunicazione di un individuo o di membri del team.
- Promuovere presentazioni e incontri promozionali.
- Crea team ad alto funzionamento.
- Risoluzione delle controversie e consenso sulla base rapidamente delle priorità.
- Aumentare l'efficienza.

LA PNL FUNZIONA ED È EFFICACE?

La PNL funziona? davvero?

Vorrei iniziare dicendo che, sia per applicazioni personali che tecniche, la programmazione neuro-linguistica (PNL) ha enormi benefici. Modellando gli individui e i comportamenti più efficaci al mondo, è stata derivata la PNL e la promessa NLP è che praticamente ogni problema che hai o qualsiasi tendenza disfunzionale che corri è malleabile. Che in qualsiasi modo desideri, puoi replicare questo modello e che la tua storia non deve essere un predittore del futuro. Un modo semplice di pensare alla PNL per alcune persone è una raccolta di strategie in grado di riprogrammare il sistema nervoso attraverso l'uso delle parole.

Come funziona la PNL e come può migliorare la tua vita?

Per la maggior parte, quando siamo sempre più sopraffatti da uno scenario o la nostra larghezza di banda si restringe, potresti aver notato che. Man mano che le emozioni negative prendono il controllo, la nostra capacità di essere eloquenti o risolvere creativamente un problema diminuisce e la nostra capacità di interagire in modo efficiente o intenzionale diventa sempre più limitata.

La programmazione neuro-linguistica migliora la tua capacità di gestire lo "stato" interno, il modo in cui ti controlli. È bello aiutarti a rimanere intraprendente, sia in circostanze personali che professionali, in momenti solitamente difficili e ti dà un alto grado di resilienza in situazioni difficili.

La PNL funziona nella mia vita quotidiana?

La velocità con cui impari aumenterà davvero notevolmente la PNL. Immagina che nel modo più efficace, sapessi imparare? Immagina se il tuo programma neurologico interno fosse così efficace che nella metà del tempo, potresti raccogliere solo nuove informazioni (che ti interessano). Beh, che avrei dovuto.

Ti incoraggia anche a diventare un membro più importante del tuo team.
La tua squadra potrebbe essere una tua famiglia. Potrebbero essere i tuoi
amici. Questo potrebbe essere il tuo quartiere. Potrebbe essere la tua
festa per la rete. Potrebbe essere la tua cerchia di professionisti.
Potrebbero essere altri colleghi a cui associ, il reparto che conduci o
l'azienda che corri.

La PNL funziona come strumento?

NLP funge da piattaforma che è possibile utilizzare in qualsiasi area per
modellare e replicare l'eccellenza. Con Anthony Robbins e Richard
Bandler, uno degli stili di casi di modellazione di riferimento che sono stati
eseguiti nei primi giorni della PNL è stato. Sono stati assunti per modellare
il curriculum di affilatura dal governo degli Stati Uniti, e ci sono volute
circa quattro settimane per fare la formazione con un tasso di passaggio
di circa il 20% all'epoca.

I primi cinque sharpshooters sono stati richiesti da Richard e Tony, che
hanno modellato ciò che hanno fatto in modo diverso da chiunque altro.

Questo includeva ciò che stavano facendo emotivamente e fisicamente. Il
loro scopo era quello di sviluppare il meccanismo con cui questi taglienti
d'élite creavano il giusto stato interno di successo.

Hanno notato che nel periodo pre-up, e quando hanno preso la "presa",
c'erano tendenze simili nel modo in cui parlavano con se stessi. In ciò che
hanno curato e ciò che hanno trascurato, c'erano com'erano i commiati.
Nel modo in cui si sono stabiliti e in ciò che consideravano, c'erano dei
commiali. Questa conoscenza è stata quindi raccolta e integrata nel
curriculum in un processo ripetibile e insegnabile.

Di conseguenza, sono stati in grado di ridurre significativamente la durata
e il tasso di guasto del programma. Alla fine, con più di un tasso di
passaggio dell'80%, è diventato un programma di sette giorni.

Un'ipotesi degna di nota nella PNL è che è la "differenza che fa la
differenza". La programmazione neuro-linguistica è ideale per definire,
modellare, valutare e quindi riprodurre la differenza. La programmazione
neuro-linguistica è ottima per identificare qual è la differenza. Non solo
puoi usare la PNL per modellare qualcosa che tutti fanno bene, ma puoi

usarlo per modellare una patologia che altri individui potrebbero considerare.

La PNL funziona come un processo riproducibile?

Praticamente tutto ciò che fai in PNL è un metodo. Molti NLPers diranno che nessuno ha un disturbo ossessivo-compulsivo (DOC) se capisci il comportamento ossessivo-compulsivo per un momento. Stanno eseguendo un pensiero e un modello di comportamento appresi che contrassegniamo come DOC, o altri potrebbero andare fino a suggerire che hanno una "personalità" coinvolgente. Tuttavia, il problema non è necessariamente il comportamento; è il senso in cui viene applicato. Se aggiunti a un persistente ed eccessivo bisogno di pulizia, fino a quando non hanno rimosso gli strati essenziali della pelle, potrebbero lavarsi le mani compulsivamente.

Ma la stessa ossessività che la maggior parte considera un problema ha aspetti di esso può essere molto utile per reindirizzare. Questo approccio presenta aspetti che dimostrano la loro capacità di continuare a concentrarsi per lunghi periodi a scapito di altre distrazioni. Dimostra la capacità di essere orientati all'azione e determinati. Possono finire per diventare un CEO o un atleta olimpico se la stessa ossessione è stata rivolta alla loro professione o a uno sport. In realtà, due anni dopo, avevamo uno studente che era stato il secondo classificato ai Campionati mondiali di body building. Quando ne stavamo discutendo, ha notato che da adolescente, aveva deciso che con la sua ossessività, voleva fare qualcosa di utile e lo ha trasformato in bodybuilding.

Sono anche a capo di una clinica di riabilitazione chiamata Sydney Hypnotherapists del nostro Castlereigh Street Office a Sydney, in Australia, oltre alla formazione aziendale e ai corsi pubblici nlp che corriamo. Questo è un team di professionisti, alcuni dei quali sono stati formati nelle mie strategie, tra cui psicologi, dietologi e consulenti. Stiamo cercando di determinare quali competenze ha questo individuo e cosa manca per generare comportamenti indesiderati quando arriva un cliente. Nessuno è difettoso o rotto. I clienti applicano erroneamente il set di competenze.

La PNL funziona per tutti?

I nostri sensi raccolgono il mondo che ci circonda con informazioni. Partiamo dal presupposto che vediamo il mondo così com'è. È solo "là fuori" la verità, e tutto quello che dobbiamo fare è presentarci. Lo vediamo per quello che è. Questo non può essere più lontano dai fatti. Questo è il territorio del pianeta che ci circonda, ma non vediamo mai il mondo così com'è. Siamo limitati da filtri percettivo nostri. L'universo è così grande, e ci sono così tanti dati da consumare che non possiamo gestirlo. Dei circa 2 milioni di bit di informazioni al secondo che inondano i nostri sensi, possiamo effettivamente consumare circa 134.000 bit. (Chunking's 1956 George A Miller Theory).

Ciò contribuisce a deficit percettivo. La cosa migliore che possiamo fare è costruire quella che potrebbe essere meglio descritta come una mappa del mondo. Ecco come leggiamo. Per un uso successivo, fondamentalmente archiviamo esperienze. Quando sappiamo di cosa tratta una porta, anche se la porta ha una funzione diversa o sembra diversa da quella a cui siamo abituati, avremo una chiara comprensione di come usarla. Il rovescio della medaglia è che ogni mappa è un'approssimazione del territorio al suo meglio. Questa non è la terra stessa. Le strade ma non la topografia, le case o l'aspetto generale della città sono visti su una mappa stradale di Google. Sicuramente non ti darà un'idea dello stile o dell'umore del quartiere della zona, o se la zona è considerata sicura o meno di notte. È tutto questo e molto altro che il tuo cervello sta cercando di fare.

NLP funziona con map

Quindi, come assorbiamo i dati per creare una mappa? Ok, per mappare cosa sta succedendo al di fuori di noi, prendiamo immagini, facciamo suoni, odori, gusti, usiamo il tatto e la sensazione. Ma proprio come una Google Map, diventerebbe troppo complessa e illeggibile se includesse qualcosa sull'area. Quindi il nostro cervello esegue un filtro di semplificazione in cui quella che consideriamo una conoscenza strana viene omessa, distorta e generalizzata. Le nostre circostanze decidono come farlo. La nostra società, i nostri ideali, le nostre convinzioni e ciò che troviamo importante per noi, consapevolmente o inconsciamente.

Quindi, questa mappa è necessariamente vincolata, sfocata e distorta. È una piccola versione di ciò che sta succedendo intorno a noi nel mondo, e alla fine ci porta, sulla base dei nostri pregiudizi acquisiti, a imprecisioni e interpretazioni errate.

Lasciate che vi dia un esempio. Ci sono due persone, la persona A e la persona B. La persona A corre e colpisce la persona B. È tutto quello che posso darti. Quando leggi la frase, nota cosa hai fatto internamente. Hai prodotto immagini o persino suoni. Nella tua mente, hai costruito un film per elaborare le parole che hai appena letto sullo schermo. Attualmente, questo processo istantaneo è un'impresa neurologica piuttosto complicata. Si basa anche sulla tua esperienza. Utilizzando le informazioni che vi ho fornito, avete sviluppato una rappresentazione interna (IR).

Saprai di avere una libreria di riferimenti su cui ti sei affidato per compilare quell'IR se analizzi il tuo metodo. Lei ha fatto valutazioni di due secondi sul fatto che ciò che ha generato riflettesse a sufficienza ciò che ho detto nella sua testa. Allora avrebbe risposto anche alla brutalità dell'atto. Naturalmente, ora potresti anche essere consapevole che non ho specificato il grado di aggressività o che il "colpo" era deliberatamente dannoso o addirittura umoristico in realtà. Uno schiaffo chiassoso sulla schiena o sul retro potrebbe essere uno "sciopero". Nota come stai ricalibrare il film ora per adattarlo a nuove possibilità.

Come funziona la PNL con la proiezione delle intenzioni?

Si noti che il significato, la gravità e il contesto sono stati proiettati inconsciamente senza dettagli. L'età, il sesso e la razza dei due individui sono determinati da te. Se era all'interno o all'esterno, hai determinato dove stava accadendo e l'ora approssimativa del giorno (almeno giorno o notte). Dovevi fare tutto questo perché emoboriamo in immagini complete, e per rendere il film realistico, hai bisogno di tutti quei dettagli. Non hai creato la scena su uno schermo verde per aggiungere informazioni in seguito! E sa' che l'hai fatto all'istante. E potresti sbagliarti assolutamente su ciò che metti insieme. In realtà non si dispone di dettagli adeguati per la precisione. Proprio quello che pensi che un possibile scenario possa essere gestito da te. Era più probabile che li includessi come aggressore se sentivi che certe razze, età o generi erano più offensivi. Avresti potuto usare immediatamente l'archetipo se presumi che tali individui siano molto probabilmente vittime di abusi. Questo stile interpretativo è stato studiato e influenza qualsiasi percezione che abbiamo dell'universo.

Qual è il punto che sto facendo? Partiamo dal presupposto che vediamo il mondo per quello che è troppo, e in realtà sovrapponiamo costantemente i nostri pregiudizi acquisiti. Generalizziamo e traiamo conclusioni sulle esperienze passate che normalmente non verifichiamo. In realtà, rispondiamo in modo più coerente al nostro mondo interiore (la nostra immaginazione) che al mondo così com'è intorno a noi.

CONCLUSIONE

Un modo perfetto per aiutarti a saperne di più è leggere ad alta voce mentre leggi. Leggere le parole ad alta voce piuttosto che leggerle a te stesso significa che stai creando un ricordo più chiaro dei dettagli, il che ti assicurerà di poter ricordare i fatti più facilmente in seguito. Non solo, ma leggere ad alta voce significa che "non perderai la concentrazione e ricorderai immediatamente che non hai letto affatto, ma inizia dal testo! L'atto di leggere le informazioni e poi tradurlo in espressione renderà più facile concentrarsi sul testo, e leggere ad alta voce rallenterà comunque un po 'il ritmo, quindi dovresti avere il tempo di concentrarti su ciò che stai leggendo.

Infine, leggere ad alta voce può aiutarti a comprendere meglio i punti posti nel testo. Anche se stai leggendo a te stesso in silenzio, anche quando una frase o un paragrafo dopo alcune letture non ha alcun senso, lo leggerai sempre ad alta voce per cercare di capirlo meglio. Leggere per tutto il tempo ad alta voce ti aiuterà ad assorbire le informazioni più rapidamente e a dare un senso ad esso per riferimento futuro.

Quando stai imparando o esercitando, il miglioramento della memoria può essere un ottimo modo per migliorare il tuo studio.

È importante assicurarsi di ricordare le conoscenze acquisite durante il corso o la lezione per gli anni a venire perché non si vuole dimenticarlo tutto il minuto in cui si termina la valutazione finale o si esce la lezione per l'ultima volta.

Tecniche come quelle sopra menzionate non solo ti aiuteranno a migliorare la tua memoria in generale, ma ti permetteranno anche di ricordare i dettagli che hai lavorato così duramente per imparare e capire mentre studi. Entrambe queste strategie possono essere elaborate nel modo in cui stai imparando, quindi non preoccuparti di perdere tempo extra. Quando li lavori nella tua routine quotidiana, aumenterai la tua memoria in qualsiasi momento, senza nemmeno pensarci!

SPERO CHE TI SIA
PIACIUTO E TI SIA
STATO DI AIUTO.
SE E SI PRENDI
ANCHE:
<u>COMUNICAZIONE
ASSERTIVA</u> DI
ROBERTO VIVIANI.
UN ABBRACCIO!